El Secreto Ocultado del III Reich

Autor: Francisco Javier Torrent Rodrigo
Editor: Bubok Publishing S.L.
Depósito Legal: PM 1681-2008
ISBN: 978-84-92500-96-3
Portada: "Las raíces celtas de Sumeria". F. J. Torrent©

A mis amigos, familia y esposa. Sin ellos nada es posible con
ellos nada es imposible

Índice

No hay ningún horror, ninguna crueldad, sacrilegio, perjurio, ninguna impostura, ninguna transacción infame, ningún cínico robo, ningún audaz desvalijamiento o miserable traición que no haya sido o no sea cotidianamente perpetrado por los representantes de los Estados, bajo ningún otro pretexto que esas elásticas palabras, tan convenientes y a la vez tan terribles: por razones de Estado.

(M. Bakunin)

Numerosas leyendas, independientemente del origen del pueblo que las creó o de su confesión religiosa, hacen referencia a una civilización tremendamente avanzada que se pierde en el origen de la prehistoria. Los textos más antiguos de las civilizaciones históricas más desarrolladas (sumerios, egipcios, civilización del valle del Indo, etc.), mencionan como origen propio de sus civilizaciones a individuos que bien podrían ser supervivientes de aquella legendaria civilización. Los detalles técnicos que proporcionan sus textos son tan minuciosos que resulta prácticamente imposible creer que sean imaginarios. Dichas descripciones, todavía desconcertantes, las encontramos en multitud de textos de carácter religioso; incluso citando únicamente los más representativos (el *Mahābhārata*, el *Sabhaparva*, el *Ramayana*, el papiro *Tulli*, la *Epopeya de Gilgamesh*, la *Torah*, etc.), podemos darnos cuenta de que el fenómeno no puede ser algo local.

A estas narraciones, les podríamos sumar los numerosos textos provenientes de antiguos historiadores como: Plutarco, Diodoro Sículo, Tito Livio, Zhang Zuo (*La Historia del Poder y de la Oposición*), Wang Jia (*Reencuentro*), Julio Obsequens (*Prodigiorum Liber*), el monje Lorenzo (*Annales Laurissenses*), Bernal Díaz del Castillo (*Historia Verdadera de la Conquista de la Nueva España*), etc.

Si además, añadimos enigmas todavía sin resolver como el avanzado conocimiento astronómico de sumerios y egipcios. Cartografías imposibles (Oranteus Finaeus, Piri Reis, etc.). El dominio de la electricidad en Sumeria y Fenicia. Los conocimientos avanzados de geometría demostrados en alineamientos megalíticos como los de Carnac (Francia) o Stonehenge (Gran Bretaña). La posibilidad de un conocimiento y dominio aeronáutico (mucho antes de los proyectos de Abás Ibn Firnas, de Córdoba, J.B. Dante de Perugia o del conocidísimo Leonardo Da Vinci), presente en los capnóbatas mencionados por Estrabón o en las mujeres de Tesalia mencionadas por el poeta Luciano, dominio que se remonta a miles de años atrás, tal y como se aprecia en un relieve mural asirio, donde un individuo planea sobre otros soldados, los cuales transportan un carro de guerra a la otra orilla del río, gracias a una piel inflada (el uso de carros acorazado por los asirios, se observa en otros relieves murales; como los del palacio del rey Assurnasirpal II, expuesto en el museo Británico de Londres, donde se muestra un vehículo acorazado provisto de un cañón; o el del palacio de Nínive, donde muestra las tropas del rey Tiglath-Pileser III asediando una ciudad con otro tipo de carro acorazado); es incluso posible que dicho dominio se sirviese de elementos tecnológicos, como los representados en sepulcros de los príncipes precolombinos (que se parecen a aviones modernos), la maqueta de un gran avión de vuelo sin motor descubierto en un sepulcro cerca de la pirámide de Saqqara; o incluso elementos mucho más sofisticados como los vimânas ampliamente descritos en los textos del *Ramayana* y del *Mahābhārata* y muy bien comentados en el *Vaimanika Shastra* (la ciencia de la aeronáutica) de G. R. Josyer y Subbaraya Shastry; la máquina de vuelo mencionada en el *Hakatha* babilónico; la "flecha de Apolo", que usaba Abaris para desplazarse por los aires (según los textos de Diodoro Sículo), los "carros de viento" utilizados por el pueblo de Chi-kung (el "pueblo de los mancos"), mencionados en China en los textos del poeta Kuo-Po y en otros textos chinos como el *Ku-yü-t'*, o en la obra *Po-wu-chi*. Y asimismo, descritos en las crónicas pre-románicas de Italia (definidos con el mismo apelativo) como protectores de la cadena montañosa de los Dolomitas.

Y sobre todos ellos, destacan los siempre inquietantes misterios que rodean a la pirámide de Keops…

Uniendo todos estos datos, podremos entender perfectamente el porqué autores como los científicos Johannes y Peter Fiebag, el especialista en Oriente de la Universidad de Múnich Werner Papke, el arqueólogo especialista en antiguas civilizaciones Zecharian Sitchin, el egiptólogo Brugsch, el Dr. Robert N. C. Bowen, el arqueólogo Bruno Kremer, el astroarqueólogo y profesor de Ingeniería en Oxford Alexander Thorm, el antropólogo Iván Zapp, el profesor de Geología de la Universidad de Boston Robert Schoch, el egiptólogo John Anthony West, el experto en geología marina Masaaki Kimura de la Universidad Ryukyus de Okinawa, el ingeniero Robert Bauval, el ingeniero Hans Hörbiger, el sismógrafo Thomas Dobecki, el atomista Luís Bulgarini, los autores Christopher Knight y Alan Butler, Louis Pauwels y Jaques Bergier, R.A. Boulay, Peter Krassa y Reinhard Habeck, Robert Charroux, Jean Sendy, Robert Temple, Otto H. Muck, Andreea Haktanir, Samael Aun Weor (Samael Lakhsmi), Auguste Le Plongeon, Erick Von Däniken, el coronel A. Braghine, y un largo etcétera; sostienen que efectivamente existió un conocimiento avanzado en la antigüedad y la mayoría de ellos, opina que dicho conocimiento se vincula a una civilización hoy día desaparecida.

Sabemos que a través de los años, algunos de estos conocimientos se han perpetuado a través de sociedades herméticas, pudiendo establecerse algunos vínculos directos entre las sociedades secretas egipcias, los judíos, los cristianos primitivos, los templarios, los rosacruces y los masones.

En *Verborgene Welten* (mundos ocultos) de Peter Fiebag y el Dr. Elmar Gruber, se asegura que Hitler evitó relacionarse con el ocultismo, y de hecho en 1935, prohibió todos los grupos ocultistas. Sin embargo, pese a ello, es posible que estuviese vinculado, al menos, a un grupo ocultista.

Resulta bastante conocido el dato que en Alemania la sociedad secreta Thule poseía un nexo de unión con el III Reich; e incluso algunos autores afirman que Adolf Hitler, no fue sino un portavoz de dicha sociedad secreta; igualmente, se vincula a la Sociedad Vril con el III Reich, apuntando que simplemente era una escisión de la sociedad Thule. Lo que se puede afirmar sin ninguna duda es que Rudolf Glauer (conocido como el barón Rudolf von Sebottendorf), fue el que fundó la Sociedad Thule en 1918 y que entre sus miembros contaba con personajes nazis prominentes como Wilhelm Frick, Hans Frank, Julius Streicher, Alfred Rosenberg o Rudolf Hess (jefe del partido Nacionalsocialista, mano derecha de Hitler y colaborador en la redacción del libro *Mein Kampf*); otro dato que no se debe olvidar es que la Sociedad Thule creó el Deutsche Arbeiterpartei (DAP), más tarde transformado por Adolf Hitler en el Partido Nacionalsocialista Alemán (NSDAP).

Por otro lado el geógrafo y experto en sánscrito, Karl Haushofer, íntimo amigo de Rudolf Hess, fue el fundador de la orden de los Hermanos de la Luz (conocida más tarde como Sociedad Vril).

Teniendo en cuenta todo esto, ¿es posible que el III Reich se nutriese de los conocimientos antiguos que habían perdurado como Legado en las arcaicas tradiciones esotéricas? Y de ser así, ¿cuál fue el grado de conocimiento conseguido?

El símbolo de los nazis fue la esvástica. Robert Ambelain en *Les Arcanes Noirs de l'Hitlérisme* (los arcanos negros de Hitler), menciona que pudo ser Karl Haushofer quien influyó en Hitler para la adopción de dicho símbolo.

Haushofer realizó labores de espionaje en toda Asia y posiblemente fuese la pieza clave en la alianza entre Japón y Alemania. Hablaba japonés y era un experto en sánscrito; y según cuentan, se adentró en el ocultismo tibetano y por ello utilizó la esvástica levógira (cruz gamada o esvástica que gira hacia la izquierda) como símbolo nazi, ya que dicho símbolo representa a Shiva (diosa de la destrucción).

Lo cierto es que dicho símbolo es muy antiguo, sobre todo el de la dextrógira (la que gira a la derecha) y como tal, puede apreciarse en numerosos textos sánscritos o incluso en los restos encontrado por Heinrich Schliemann asociados a la mítica Troya de Homero y que el geoarqueólogo Eberhard Zanger, define como: "un centro importante en la Edad de Bronce, perteneciente a una civilización hasta ahora no investigada". Según los expertos actuales, la esvástica de movimiento a la derecha es un símbolo del sol, y la del movimiento a la izquierda es un símbolo de la luna. Entre los akan del África Occidental (pueblo de ascendencia libio-beréber), la esvástica representa a la diosa triple Ngame; claramente idéntica a la Neith libia, la Tanit cartaginesa, la Anatha cananea y la Atenea griega primitiva. Según Robert Graves, la palabra sánscrita pramantha (taladro de fuego) podría ser su origen etimológico; asociándolo al titán Prometeo.

Sin embargo, Peter Georgacarakos (conocido como Victor Anduril) del American Group White Order of Thule (WOT), asegura que dicho símbolo tuvo su origen en las estrellas. La Osa Menor actualmente señala el norte (dista del Polo Norte menos de un grado). Ovidio llamaba a las dos osas Magna Minorque Ferae (las bestias grande y pequeña) y Diodoro Sículo contaba como los viajeros en los desiertos de Arabia "dirigían su rumbo según las osas, de la misma manera que hacemos nosotros en el mar"; curiosamente, la Osa Menor en la época de Diodoro (siglo I aC), no servía para indicar el norte, aunque si era una de las más brillantes del firmamento.

Efectivamente, hace unos 4800 años la estrella que más se acercaba al polo en el hemisferio Norte era la estrella Alfa de la constelación de Draconis (también denominada Thuban); constelación conocida como Th'uban (la cabeza de la serpiente) por los árabes (los cuales probablemente denominasen a la estrella Alfa como Al Dhi'bah que significa "la hiena"); y muy conocida en China y en Egipto, ya que según los egiptólogos fue la que utilizaron para orientar las pirámides de Gizeh (lo cual implica que la datación de la pirámide debería ser unos 200 años más antigua que la oficialmente aceptada); aunque otros autores mencionan que pudieron utilizar la línea formada por Phecda y Megrez de la Osa Mayor con Kochab de la Osa Menor (en este caso tendría que ser unos 80 años más joven; lo cual parece más probable ya que también se solían asociar estas constelaciones, con la azada ritual usada para la ceremonia de apertura de la boca).

La Osa Mayor es una constelación circumpolar, visible por lo tanto durante todo el año; el astrofísico Daniel Marín Arcones, menciona que ya era conocida por los antiguos griegos con el nombre de "osa" como se puede leer en la *Ilíada* y en la *Odisea* (aunque también recibe el nombre de "carro" y de éste modo fue conocida en la antigüedad en Mesopotamia y también en Irlanda, Dinamarca, Suecia, entre germanos y vikingos; e incluso para los cristianos era el carro en el que Elías subió a los cielos), Higino también la denominaba Arctos Maxima (osa mayor). Claudio Ptolomeo de Alejandría menciona el nombre árabe de esta constelación como Al Dub al Akbar (el Oso Grande), relacionado con el fenicio dub y el hebreo dobh, Propertius denomina osas a ambas constelaciones (Geminae Ursae) y curiosamente Horacio y Virgilio la denominan Gelidae Arcti, mientras que Eratóstenes le denomina Fenicia y los romanos Ursae Phoenicia.

Según Ev Cochrane en *The Many Faces of Venus* (las numerosas caras de Venus) en Babilonia, Margidda (literalmente "carro" o "río", también "río de la noche"), wagon o van eran el nombre de Venus y Margidda. fue el nombre que recibió en Mesopotamia la Osa Mayor.

Pese a que, como hemos visto, la Osa Mayor era muy conocida en la antigüedad, la Osa Menor no es nombrada en la *Odisea* ni en la *Ilíada*, probablemente debido a que en aquella época, dicha estrella no tuviese ninguna utilidad práctica. Sin embargo, mucho antes, en Mesopotamia, a la Osa Menor la denominaban Margiddana (carro celestial), de donde se demuestra su importancia. Pero, si no servían como orientación, ¿cuál era pues su importancia?

Según Georgacarakos, desde la perspectiva de una persona ubicada en el Polo Norte o en sus cercanías, la constelación que ahora es llamada la Osa Menor, era vista cada noche girar en el sentido de las manecillas del reloj alrededor de Thuban; cuando esto ocurre, "la imagen de la esvástica aparece de una forma tan clara que es fácil comprender por qué fue utilizada como un símbolo". Probablemente, la "rueda primordial" mencionada por Dante Alighieri en *Paraíso*, se refiriese a ese fenómeno. Por ello, Georgacarakos sostiene que muy anteriormente a la época de Homero, ambas constelaciones fueron muy conocidas y se denominaron en sánscrito Tula, lo cual según el autor, puede dar una clave sobre la etimología del nombre Thule.

La mayoría de expertos sostienen que Tula, en sánscrito significa Balanza y que por tanto, se refiere a dicho signo zodiacal; sin embargo, tal y como recuerda René Guenon en *Le Roi du Monde* (el rey del mundo), la tradición china mencionaba que la Balanza Celeste era la Osa Mayor, asimismo, en otros pueblos la Osa Mayor y la Osa Menor han sido asimiladas a los dos platillos de una balanza.

Pero para que dicho fenómeno fuese visible y dado que el ciclo de la estrella polar es de aproximadamente 25.780 años; deberíamos remontar el símbolo de la esvástica a una fecha anterior a la historia y por lo tanto, Georgacarakos, la relaciona indirectamente con la sociedad tecnológica avanzada de las antiguas leyendas; a la cual sitúa indiscutiblemente cerca del Polo Norte (el único lugar donde se podría apreciar el fenómeno) y probablemente, fue el auténtico motivo por lo que se convirtió en símbolo del III Reich.

El concepto de raza aria, está inspirado por el descubrimiento del origen común de la familia de lenguas indoeuropeas. Por ello, algunos etnólogos del siglo XIX propusieron que todos los pueblos europeos de raza blanca eran descendientes de un supuesto pueblo ario (arya, es una palabra sánscrita y avéstica que significa "noble").

Actualmente, se sabe que todos los idiomas indoeuropeos (sánscrito, latín, griego, las subfamilias céltica, eslava y germánica, etc.), provienen de la misma fuente común; los descubrimientos arqueológicos apuntan hacia una cultura prehistórica denominada kurgana (porque kurgan significa "túmulo", los cuales eran usados como sepulcros) que existió cerca del mar Negro hace unos 7000 años; a dicha zona le han denominado el Urheimat (hogar original) indoeuropeo.

Dicha hipótesis fue defendida en 1956 por la arqueóloga Marija Gimbutas. Aunque otros autores la sitúan en la base de los montes Urales, en Armenia, en Anatolia, o incluso mucho más al norte, como Escandinavia o Laponia.

El arqueólogo Colin Renfrew y el filólogo Viacheslav Ivanov postulan por considerar la Urheimat en Anatolia, lo que implica que su antigüedad aumentaría hasta los 9000 años. Un estudio en 2003, realizado por Russell Gray y Quentin Atkinson de la Universidad de Auckland, mediante la comparación del léxico (según el modelo propuesto por Morris Swadesh), llegaban a las mismas conclusiones. G.M. Bongard-Levin y E.A. Grantovskij, en 1975, fundamentándose en argumentos astronómicos y geográficos, y en estudios sobre el modo de vida y la etnología de los pueblos de la Taiga, defendían una estancia prolongada de un grupo pre-indoeuropeo, hacia el 3000 aC, grupo del cual saldrían los Shaka de la India y los Escitas. Igualmente, Bal Gangadhar Tilak en *La Dimora Artica Nei Veda* (el hogar ártico en los *Vedas*) nos propone que los arios de la India provenían de Escandinavia y Felice Vinci propone que la Urheimat, se encuentra en la Laponia antes de que sobrevinieran los climas glaciares (probablemente, debe referirse al Younger Dryas).

La Sociedad Thule creía que tenía su origen en una tierra situada al norte, por ello denominaron Thule a su Sociedad. El lugar concreto de Thule, no está definido exactamente pero Virgilio en la *Eneida* menciona el nombre de Thule como el de una tierra al norte. El historiador Procopius, se refiere a Escandinavia como Thule, y a sus habitantes los denomina skridfinns. El término Thule, fue mencionado por primera vez por el geógrafo y explorador Piteas de Massalía (la Marsella actual) en *Mar*, donde afirma que Thule era el país más septentrional, seis días al norte de la isla de Gran Bretaña, y que el sol de pleno verano nunca se puso allí (también es el autor del primer testimonio escrito en el que se llama a la península Ibérica "Hispania", de hecho, es él el que descubre que "Hispania" es una península). Para Procopio de Cesarea, Thule era una isla grande del norte habitado por 25 tribus; de donde se deduce que es claramente Escandinavia, ya que varias tribus son fácilmente identificables, como los Gautas (Gautoi) y los Saami (Scrithiphini). También menciona que cuando los Hérulos volvieron, pasaron junto con los Varni y los daneses cruzando el mar a Thule, donde se asentaron al lado de los Gautas. Tal vez otra pista la puede proporcionar el término empleado (por primera vez) por el historiador romano Plinio, bajo la forma Scadinauia y el cual está formado, probablemente, por las antiguas palabras germánicas skadin (daño, peligro) y auio (isla).

A los arios, se les relaciona con los Tuathas de Dannan (literalmente "gente de la diosa Danu"), probablemente los Aesir de las leyendas míticas escandinavas como el *Völuspá* (profecía de la vidente) o el *Gylfaginning* (historias míticas); el nombre guarda un parecido con Dune-eideann, el nombre céltico de Edimburgo, lo cual no parece casualidad. Tal vez por ello, J.R.R. Tolkien, denominase en sus novelas Númenórë ("tierra del oeste"), a una isla situada en medio del mar, al oeste de la "Tierra Media", donde en ella vivían los dúnedain (hombres -"edain"- del oeste); la isla, tras una guerra por la búsqueda de la inmortalidad, quedó sepultada, denominándose desde entonces Akallabêth o Atalantë.

Según el autor esotérico y versado en la tradición nacionalsocialista, Giulio Cesare Andrea Evola, más conocido como Julius Evola, en su obra *Revolt Against the Modern World* (rebelión contra el mundo moderno); los atlantes eran hiperbóreos, originarios del Polo Norte; lo que coincide con la teoría de Peter Georgacarakos, tal y como hemos visto anteriormente.

Algo similar parece mencionar Lucio Anneo Séneca en el segundo acto de *Medea* cuando "predice" que tras Thule (entendiéndola probablemente como Escandinavia), existe una nueva tierra que se encuentra oculta en el fondo del mar (lo que algunos interpretan como la Atlántida).

Luigi Luca Cavalli-Sforza, genetista de poblaciones y profesor emérito de la Universidad de Stanford de California, tras un estudio del ADN de 1800 personas europeas, llegó a la conclusión que la actual población europea es originaria de dos focos principales, uno al norte del Mar Negro, y otro con epicentro en Euskal Herria y extendido a la zona vasco-cántabro-aquitana. Pero estos dos focos, si atendemos a otros estudios donde se adentran más en la prehistoria humana, veremos como en realidad provienen de uno solo:

Los estudios efectuados por Theo Vennemann (catedrático de Lingüística Teórica en la Universidad Ludwig-Maximilian de Múnich) en torno al origen de los topónimos europeos, apuntan a que tanto el vasco como el aquitano (ambas derivadas de una lengua más antigua) fueron la lengua de los habitantes prehistóricos de Europa, antes de la llegada de los pueblos indoeuropeos. Esto coincide con la teoría de Juan Antonio Moguel de principios siglo XIX, en referencia a una lengua común, o familias de lenguas con un tronco común, que se hablaban en toda la península Ibérica y en parte de Europa.

El profesor de la Universidad de Oxford, Stephen Oppenheimer, llega a la conclusión de que "el origen de todos los racimos y sus genotipos" de los europeos, tiene una misma raíz "que se expandió hacia el norte desde el refugio vasco hace 16.500 años". Coincidiendo con la teoría del profesor de geografía de la Universidad del País Vasco, Antón Uriarte Cantolla. También las investigaciones paleogenéticas (estudios basados en el ADN mitocondrial) realizados por Peter Forster suponen que toda Europa fue colonizada por los habitantes de Iberia después de la última glaciación.

Un estudio realizado por Ornella Semino, Giuseppe Passarino, Peter J. Oefner y 14 investigadores más (donde se incluye a Cavalli-Sforza), confirma dicha expansión (que sitúan entre

20000 y 13000 años atrás), aunque apunta a una escisión genética (todos eran del linaje M173 y hace, unos 25000 años, se dividieron en haplotipos M18 y M19), que les hace suponer que existió un refugio en el norte de los Balcanes, donde se asentaron y se mezclaron con los habitantes autóctonos.

En dicho estudio, se supone que primeramente, los hombres del linaje M173 vinieron del Este desde África, hasta que llegaron a la península Ibérica, pero algunos autores como Paulino Zamarro o Díaz-Montexano opinan que pudo existir un puente entre África y España y por lo tanto, todos los linajes salieron de la antigua Libia.

Casi la totalidad de autores relacionan la Atlántida con un grupo de islas cercanas a la península Ibérica (Platón, Posidonio, Elio, Plinio, Ammiano Marcelino, Arnobio, Tertuliano, etc.) o incluso que formaba parte de la misma (Jorge Bonsor, Adolf Schülten, Blázquez y Delgado-Aguilera, Díaz-Montexano, Pellicer y Osau, etc.).

Si además pensamos que en la península Ibérica se produjo un cruce genético entre cromañones y neandertales (de acuerdo con las últimas evidencias de Svante Pääbo, Bruce Lahn y otros prestigiosos genetistas), lo cual pudo mejorar genéticamente al cromañón y de éste modo, ser capaz iniciar una civilización mucho más avanzada. Con lo cual, dicha avanzada y antigua civilización fue, no sólo la cuna de la raza aria, sino de todas las culturas europeas.

René Guenon en *Le Roi du Monde*, ofrecía el siguiente razonamiento: "Se sabe que la Tula mexicana debe su origen a los Toltecas; éstos, se dice, venían de Aztlan, 'la tierra en medio de las aguas' que, evidentemente, no es otra que la

Atlántida"; no obstante, afirmaba que la Tula mexicana y la "Tula" (Thule) aria eran dos emplazamientos diferentes.

Esto, que en un principio puede parecer paradójico, no lo es tanto si pensamos que ambas Tula (la mexicana y la europea) pudieran ser colonias de supervivientes de un cataclismo (y que por tanto se refugiasen en los territorios adyacentes).

La tradición esotérica, siempre ha defendido que una antigua y gran sociedad avanzada (que muchos asociaban a la Atlántida), había desembocado en una guerra entre dos facciones; como resultado, los supervivientes de una de las facciones se fueron hacia una región llamada Shambala, mientras que otros se encaminaron rumbo a Agartha; la cual se afirma es una ciudad subterránea que se cree, está escondida en el desierto de Gobi, cerca del Tíbet.

La Sociedad Thule creía firmemente en una legendaria cultura avanzadísima cuya ciencia pensaban que se había salvado en parte y que se mantenía oculta en algún lugar del Tíbet, donde se refugiaron algunos supervivientes de dicha civilización; incluso algunos autores afirman que el propósito principal de la Sociedad Thule era "recuperar ese conocimiento para salvar la patria alemana y propiciar el surgimiento de una nueva era".

Evidentemente, la relación del pensamiento esotérico y de la Sociedad Thule, traen la conclusión que los restos de Thule se encontraban en la subterránea ciudad de Agartha y en la desconocida Shambala.

Pocos recuerdan que en la novela *The Coming Race* (la raza venidera), de Edward George Bulwer Lytton, se menciona a una avanzada civilización que habitaba en el interior de la Tierra; dicha civilización fue denominada por el autor "raza Vril" por una forma de energía particular que sabían utilizar (la obra se escribió en 1871 y todavía se desconocía la energía nuclear). El filósofo y miembro de la Sociedad Teosófica, Rudolf Steiner, calificó la obra como la "visión clarividente de una temprana cultura humana"; y al parecer, fue la causa por la que Heinrich Himmler investigó leyendas referentes a ciudades en el interior de la Tierra.

Poco tiempo después, Richard S. Shaver publicó *I Remember Lemuria* (recuerdo Lemuria), en una revista de ciencia ficción, llamada *Amazing Stories* (cuentos asombrosos); donde afirmaba que sus habitantes, procedían del interior de la Tierra.

En el proceso de Núremberg, se mencionó a Agartha como la misteriosa residencia subterránea de la "Fraternidad Blanca"; e incluso, el Dr. A. Krumm-Heller en 1931 aseguraba que existían contactos entre dicha fraternidad y la montaña de Montserrat (España); se debe mencionar que Krumm-Heller llegó a alcanzar el grado 3-33-99 (máximo de la Masonería), fue Comendador Mundial de Fraternidad Rosa-Cruz Antigua y también Arzobispo Supremo de la Iglesia Gnóstica.

No parece casualidad que el 23 de octubre de 1940, H. Himmler (siendo jefe de las SS), realizó una enigmática visita a Montserrat, junto a 25 oficiales de las SS, dirigidos por el capitán Günter Alquen, director del diario de las SS, *Schwarze Korps* (cuerpo negro), y por el General Karl Wolf (jefe de su Estado Mayor). Es evidente que los nazis buscaban algo y prueba de ello, es que al reunirse con el padre Ripoll (los dos abades del monasterio se negaron a recibirlos personalmente, posiblemente, porque Ripoll hablaba perfectamente alemán, pero tal vez porque de éste modo, también se aseguraban que los nazis no obtuviesen mucha información), se negó a visitar el interior de la basílica católica (el general Wolf le comentó al padre Ripoll que "a su Excelencia no le interesa el monasterio, sino la naturaleza"). Evidentemente lo que le interesaba era el mundo oculto de la montaña ya que Montserrat cuenta no sólo con innumerables cuevas sino que además está asentada sobre un lago subterráneo. Además, el relato de un monje catalán del siglo XVIII, el padre Dr. Gerard Joana, fraile y científico a la vez, demuestra la existencia de pasadizos secretos del monasterio (por los cuales penetró) y otros relatos posteriores, parecen considerar a Montserrat como un "lugar mágico".

Lo cierto es que la existencia de túneles vinculados a civilizaciones avanzadas es muy antigua; desde Brasil hasta México; pasando por Tiahuanaco, el lago Titicaca, Sacsayhuamán, Chiapas, Yucatán, etc. Cientos de testimonios de todas las épocas mencionan redes de túneles subterráneos y los relacionan con una avanzada civilización. También en Asia y Europa existen relatos similares. Algunos arqueólogos defienden que dichos túneles son parte de una inmensa red que se extiende hacia Irán y que quizás está conectada con los descubiertos en Amu Darya (Turkmenistán) e incluso con los laberintos subterráneos de China central y occidental, Tíbet y Mongolia.

Todos estos relatos, parecen relacionar dichas ciudades y túneles con una civilización desaparecida en las brumas de la prehistoria la cual ha recibido múltiples nombres (Agartha, Lemuria, Mu, Atlántida, etc.).

En 1935, se constituyó la Deutsches Anhererbe o sociedad de estudios para la antigua historia del espíritu, también conocida como Herencia de los Ancestros, organismo dentro de las SS, destinado a crear una nueva imagen ultra-nacionalista para el tercer Reich. La mayoría de los responsables de la Ahnenerbe, eran científicos sin ningún tipo de limitaciones morales ni éticas (a partir de 1939 incluso experimentaban con personas de los campos de concentración). Desde el castillo de

Wewelsburg, sede de las SS, se planificaron las misiones al Tíbet, al desierto del Gobi, a América del Sur y a la Antártida, en busca de la entrada del legendario reino subterráneo de Agartha.

Tal vez la confirmación de que dichas leyendas poseían una base real, la encontramos en que junto a las expediciones para buscar túneles secretos, Himmler también organizó una expedición al Tíbet en 1938 con el fin de encontrar ¡a los descendientes de los atlantes blancos!

Otro dato, que puede ser muy significativo, ocurrió en 1969 cuando Juan Moricz, espeleólogo aficionado y experto en leyendas ancestrales, encontró unas láminas metálicas en una cueva de Ecuador; el acta notarial del hallazgo, con fecha 21 de julio de 1969, en la ciudad costeña de Guayaquil dice así: "...he descubierto valiosos objetos de gran valor cultural e histórico para la humanidad. Los objetos consisten especialmente en láminas metálicas que contienen probablemente el resumen de la historia de una civilización extinguida, de la cual no tenemos hasta la fecha el menor indicio..." Según Moricz, en esta cueva, denominada de Los Tayos, se hallaba registrada la historia de la humanidad desde los últimos 250.000 años. Erick Von Däniken y el astronauta Neil Armstrong realizaron expediciones a su interior.

Nunca se han encontrado estas planchas, no obstante el padre salesiano Carlo Crespi custodió unos extraños objetos, en el patio de la Iglesia María Auxiliadora de Cuenca, en Ecuador. Los objetos habían sido encontrados por nativos quienes, en acto de amabilidad y gratitud, se los cedieron al padre Crespi para su custodia. Muchos de estos objetos posteriormente fueron robados. En 1976, la revista *Ancient Skies* (cielos antiguos), publicó un artículo del filólogo hindú Dileep Kumar, quien analizando los símbolos que se muestran en una de las piezas del padre Crespi (una lámina aparentemente de oro, de unos 52 cms. de alto, 14 cms. de ancho y 4 cms. de grosor), concluyó que los ideogramas pertenecían a la clase de escritura Brahmi, utilizada en el período Asokan de la historia de la India, hace unos 2300 años. Cuatro años más tarde, el doctor Barry Fell, Profesor de Biología de la Universidad de Harvard, identificaba 12 signos de la lámina en cuestión con los propios signos empleados en el Zodíaco. Stanley Hall (uno de los exploradores que acompañó a Armstrong en 1976), ha publicado que tras la muerte de Julio Goyen Aguado (compañero de Moricz), y organizando su viuda sus archivos y biblioteca, dio con varias laminas de oro y plata presuntamente recuperadas en los Tayos.

Además, también es significativo que poco después de la publicación de *I Remember Lemuria*, se recibieron miles de cartas de lectores que probaban la existencia de estos habitantes intraterrestres; algo que la revista *Life* calificó como un "misterio que ha conmovido la ciencia ficción".

Algunos testimonios, parecen efectivamente, demostrar de forma clara que se disponía de una tecnología avanzada en el interior de estos túneles; ya que un testimonio relatado por el Dr. Antonin Horak, menciona que durante la segunda guerra mundial, escondiéndose de los nazis en una gruta de Checoslovaquia, junto a un compañero herido, encontró un gran cilindro semejante a un silo, de 24 m. de diámetro, construido de forma artificial.

También Alec Maclellan en Yorkshire, descubrió una luz verde pulsátil, junto con un zumbido que poco a poco y a medida que la luz se iba acercando, se convirtió en "un ruido sordo que hacía vibrar el suelo", ante la posibilidad de que fuese una máquina o un medio de transporte lo que se le aproximaba, Maclellan huyó. Dado que en esa región de Yorkshire hubo minería de plomo durante siglos, podríamos pensar que dichos túneles son recientes, pero lo cierto es que algunos túneles pertenecen al mesolítico, neolítico y períodos del bronce y del hierro. En su libro *Reliquias diluvianas*, Buckland, que exploró el sitio en 1882, aseguraba que los restos que él halló "pertenecieron a hombres que habían sido barridos por el diluvio", lo cual además de la tecnología, indicaba una antigüedad considerable...

¿Pudo existir una civilización antigua tan avanzada que fuese capaz de crear estas redes de túneles? y de ser así, ¿es posible que halla sobrevivido, permaneciendo oculta, hasta la época actual?

Además de buscar el origen de la raza aria, la auténtica labor de la Ahnenerbe era dedicarse a una incansable búsqueda, realizando innumerables exploraciones y excavaciones, para encontrar vestigios atlantes.

¿Es que acaso estaban todos los nazis locos? No, ni por un momento podemos creer tal afirmación.

Pocos son los que hoy pueden creer que en la antigüedad más remota, existiesen aviones a reacción, televisores, e incluso tecnología espacial como satélites y aeronaves. Sin embargo, son numerosos los textos y relatos antiguos que permiten creer tal posibilidad.

Por esa misma razón, el III Reich buscó frenéticamente los restos de dichas tecnologías, con la esperanza de poder reconstruir aquellas poderosas y fabulosas máquinas; cuyos manuales de funcionamiento, probablemente, poseyeran gracias a sus contactos con el ocultismo (para una mente no preparada, dichos textos no supondría más que un conjunto de rituales más o menos sagrados).

Uno de los objetos más buscados fue el Grial. Cada vez existen más personas que están convencidos que el Grial, en realidad formaba parte de una fabulosa máquina capaz de proporcionar comida, así parecen creerlo científicos como los hermanos Johannes y Peter Fiebag, e incluso el ingeniero electrónico George Thornycroft Sassoon y el biólogo Rodney A. M. Dale, consiguieron crear un prototipo capaz de formar comida usando rocío y un tipo de alga, hecho que también quedó reflejado en el texto del *Éxodo* y en el *Zohar*, como "maná llovido del cielo". Pero no solamente buscaron el Grial, ya que como indican Peter Krassa y Reinhard Habeck, en su libro *Das licht der Pharaonen* (la luz de los faraones), hace miles de años, al menos en Egipto, se conocían las aeronaves, satélites de radio y televisión, televisores y poderosas armas destructoras.

Las pistas del Grial se perdieron hace muchos años; sin embargo durante un tiempo, se asoció a los cátaros con dicho objeto.

Montségur fue la fortaleza cátara por excelencia, y dicha fortaleza se asoció al legendario Montsalvatge donde se guardaba el Grial. Hoy se sabe que el actual castillo de Montségur fue construido tres décadas después de la rendición de los cátaros por canteros vinculados a la Orden del Temple. Lo cual puede indicar que existió algo más que contactos esporádicos entre ambas doctrinas (no olvidemos que los templarios también buscaron el arca de la Alianza). Algunos autores sospechan que el castillo denominado Montsalvatge sea Montserrat.

Por ello, precisamente, H. Himmler y Karl Wolf realizaron la visita a Monserrat. Es evidente que los nazis asociaban dicha montaña con el Grial, probablemente, influenciados por la obra elaborada por Otto Rhan, *La Corte de Lucifer*, en la cual el capítulo *Puigcerdá en Cataluña*, Rhan explica que el Grial está escondido en Montserrat. No hay olvidar que el General Wolf fue el hombre que introdujo a Otto Rhan en las SS; y que prácticamente, Rhan es conocido por su búsqueda del Grial en la frontera franco-española (no en vano se había especializado en literatura medieval y catarismo). En 1931 fue por primera vez a Occitania; dos años después publicó su libro *Cruzada contra el Grial* el cual es una historia del catarismo.

Precisamente por ello, cuando Himmler visitó Montserrat, llevaba *La Corte de Lucifer* consigo; además sacaron el tema de los cátaros y mencionaron que poseían con dicha doctrina muchos "puntos de contacto". Como hemos mencionado antes, tal vez esos contactos se refiriesen a Agartha poseedores del conocimiento tecnológico de la antigüedad.

Al parecer, los nazis no se apoderaron del Grial, probablemente debido a que ya no se encontrase en Monserrat, algunos autores sugieren que Sir Henry Sinclair, inició una expedición a América en 1398 junto a 200 seguidores y construyeron un laberinto de túneles bajo la superficie de una pequeña isla cerca de Nueva Escocia en Canadá. Guardando allí el Grial. No debemos olvidar que fue esta familia la que construyó una capilla en Rosslyn cerca de Edimburgo (Dune-eideann) en Escocia; esta capilla posee grandes implicaciones templarias y para la mayoría de expertos, las connotaciones masónicas presentes en la capilla y su simbolismo difícilmente pueden ser obra del azar. Tal vez sea esta la prueba más evidente del paso de la tradición cátara a la templaria y de ésta a la masonería.

Pero, pese a no conseguir el Grial, el III Reich pudo tener acceso a otros objetos no menos importantes…

En numerosos mapas anteriores al siglo XVI, la Antártida aparece como un territorio no cubierto por el hielo, pese a que el Polo Sur no fue descubierto oficialmente hasta 1818. El más conocido es el de Piri Reis; Charles H. Hapgood, profesor del Keene State College de New Hampshire, conocido autor del libro *La Costra Deslizante de la Tierra*, cuyo prefacio escribió Albert Einstein (el cual revisó y confirmó todos los cálculos del libro); demostró la antigüedad del mapa de Reis y apuntó que para su elaboración se exigía el uso de un aparato volador. También el cartógrafo Arlington H. Mallery afirmó que: "no podemos imaginarnos como se trazó un mapa tan preciso sin el concurso de la aviación". Otro mapa, descubierto en el sepulcro de la aristócrata Ma Wang Dui, de 2100 años de antigüedad, recibió en 1996, el siguiente comentario del profesor Wang Shiping del Museo Histórico de Xian: "se diría que el modelo de este mapa fue una fotografía tomada hace miles de años desde un satélite en la órbita terrestre."

Al parecer, el III Reich, estudió meticulosamente dichos mapas ya que la revista *The Plain Truth* (la verdad llana), en un artículo de Junio de 1952, revelaba que en 1940 el Reich alemán comenzó a trasladar un ingente número de maquinaria al Polo Sur con el objeto de construir una estación secreta. Hasta 1957 no se sabía que bajo el hielo de la Antártida existían montañas y ríos, y mucho menos el contorno de sus costas; pese a eso, en la II Guerra Mundial, los barcos de guerra alemanes al mando del Almirante Dönitz sabían de la existencia de las grutas antárticas donde un navío se podía cobijar sin ningún problema, llevar a cabo reparaciones, descansar la tripulación y estar tranquilamente sin riesgo alguno de ser localizados. Sabemos que el año 1938 culminó en la toma de un extraordinario territorio, que recibió el nombre de Neuschwabenland. En éste territorio construyeron varias bases permanentes, siendo la principal la denominada como Neuberlin. El propio Dönitz mencionó que "La flota alemana de submarinos está orgullosa de haber construido para el Führer, en otra parte del mundo, un Shangri-La, una fortaleza inexpugnable".

A través de los siglos, innumerables relatos han descrito, sin ningún género de dudas, el uso de tecnologías avanzadísimas. Haciendo un repaso general, merece la pena citar el relato de Ezequiel, considerado "el padre del judaísmo" y origen de la merkaba, u obra del carro (mà ăsēh merkābāh); carro que contempló y describió; y que 1700 años después, Josef F. Blumrich, ingeniero jefe responsable de la Oficina de Construcción de Proyectos de la NASA, basándose en esa descripción, logró rediseñar el aparato. Igualmente, dentro de la tradición bíblica merece la pena reseñar el ascenso de Elías al cielo, "abducido" por lo que Eliseo denominó "el carro de Israel y su conductor". En el texto *Visión de Isaías*, del siglo VIII, se describe un vuelo por el espacio y como al volver tras dos horas, habían transcurrido 32 años en la Tierra; concepto (Teoría de la Relatividad) que Albert Einstein explicó (sin que casi nadie lo entendiese) 1200 años después. Tampoco se deben olvidar los textos sánscritos, como el *Veda Sabhaparva* donde se describen ciudades espaciales que rodeaban la Tierra y que giraban sobre su propio eje para generar fuerza centrífuga en ausencia de la gravitatoria. Si examinamos el *Ramayana*, veremos que describen con tanta precisión los vimânas, que incluso dedican capítulos al entrenamiento de los pilotos, a las rutas de vuelo y a los componentes y sistemas de impulsión. Los vimânas también se mencionan, coincidiendo en los detalles, en el *Saramangana Suttradhara*, el *Ramayana* y el *Mahābhārata* entre otros textos, no en vano, en algunos lenguajes modernos de la India (por ejemplo en gujarati) la palabra vimania significa "avión". También los textos sumerios describen con detalle objetos similares y explican como realizaban rutas de vuelo para las salidas y llegadas, los grados de cada localización, e incluso se ha encontrado el testimonio del rey Etana de Kish, el cual fue instruido para poder alzar uno de esos objetos del foso donde se encontraba, tras aprender las maniobras y controlar los instrumentos (al tercer intento), logró despegar; al día siguiente, junto a un piloto y debidamente equipados, volvieron con la intención de llegar a la "morada del cielo", describe, como a medida que se iban alejando, lo pequeño que se hace todo hasta que finalmente, incluso el suelo y el ancho mar habían desaparecido, finalmente al perder de vista la Tierra y entrar en una zona que "no pertenece a ningún dios", se le apodera el miedo y pide al piloto que lo devuelva a la Tierra. El historiador Alberto Fenoglio proporciona los detalles sobre el tiempo que duró el viaje (dos semanas) y sobre los ocupantes de dichos vehículos (hombres rubios, altos, de piel oscura, vestidos de blanco y "bellos como dioses"), afirmando que luego se quedaron algún tiempo como huéspedes del rey. Merece considerar la opinión del filólogo Hermann Burgard quien afirma que en los textos sumerios de Gilgamesh no mencionan la palabra "dioses", sino que hablan de "dingir", término que deriva de "din" ("el que manda") y "gir" ("objeto volador").

También historiadores clásicos han mencionado en alguna ocasión dichos elementos tecnológicos, así por ejemplo en el libro octavo de la *Eneida*, Virgilio habla de "ruedas que transportaban rápidamente a los dioses", Plutarco menciona unos "escudos volantes" que ejecutaron en formación maniobras encima de las ciudades de Ameria y Tuder (Italia).

Livio menciona naves radiantes que bajaron del cielo, Flavio Josefo menciona una espada gigante voladora vista en Jerusalén, etc.

A todos ellos, también les podemos sumar las referencias históricas de algunos reyes, donde también se mencionan, como por ejemplo los objetos vistos por Tutmosis III el Grande, por Timoleón, por Cayo Julio César, por Pompeyo, por Constantino el Grande por Alejandro Magno (en formación triangular), el escudo mítico de Numa Pompilio, los escudos llameantes que ayudaron a las tropas de Carlomagno en el asedio al castillo de Sigisburg o la "larga espada" que Bernal Díaz del Castillo (cronista de Hernán Cortés) pudo observar durante más de 20 días, a la cual se "venía a juntar una verde, colorada y redonda como rueda de carreta".

Junto a toda esta tecnología, se esconde otra realidad mucho más amenazadora: El uso de poderosas armas.

En *La Torah*, se menciona que "Yhwh hizo llover sobre Sodoma y Gomorra azufre y fuego que venían de Yhwh desde el cielo. Y destruyó estas ciudades y toda la llanura con todos los habitantes de las ciudades y las plantas de la tierra…" "Abraham fue muy de mañana al lugar en que había estado en presencia de Yhwh. Miró hacia Sodoma y Gomorra y toda la llanura, y vio la humareda de la tierra que subía como la humareda de un horno." Junto con Sodoma y Gomorra, fueron aniquiladas Admáh y Seboyim, salvándose el pueblo de Zóar, donde se refugió Lot y sus hijas.

Muchos eruditos escriturarios modernos, han considerado dichas ciudades y en relato, totalmente ficticio y se tenía, hasta los años iniciales de la década de 1970, al menos, la impresión de que se trataba de uno más de los mitos que ciertos eruditos dicen que contiene la Biblia. Pero, en los descubrimientos de los archivos cuneiformes de la ciudad de Ebla, en la tablilla N° 1860, se menciona a las ciudades de la Pentápolis sidímica en el mismo orden que *Génesis* 14:2: Sodoma, Gomorra, Admáh, Seboyim y Bela, o Zóar, como ciudades con las cuales Ebla llevaba a cabo un gran intercambio comercial. Esta era la primera vez que los nombres de estas ciudades aparecían mencionados fuera de *La Biblia*. El Dr David Noel Freedmen considera que este registro antecede a la gran catástrofe que tuvo que ver con la destrucción de las ciudades en tiempos de Lot.

La Llanura Baja de Sidim es un valle que *La Biblia* relaciona con el antiguamente llamado mar Salado y actualmente mar Muerto. Hay quienes sostienen que la desolación del territorio que rodea al mar Muerto, prácticamente inhóspito y que no permite la vida animal y vegetal, despierta de un modo natural la impresión de haber sufrido alguna catástrofe. Al parecer la destrucción de estas ciudades, se puede constatar ya que numerosos historiadores hablan de ella, tales como Philo o Flavio Josefo. El sacerdote Sanchoniathon, en *Historia Antigua*, escribió que: "El valle de Sidimus [Sidim] se hundió y se convirtió en mar, dando lugar a la formación de vapores continuos, sin que allí se vean peces y sí un cuadro de desolación y muerte para los malhechores". Estrabón, lo comenta explicando que según los relatos de los nativos; existieron tres ciudades que fueron destruidas posiblemente por un terremoto. Publio Cornelio Tácito escribió en *Historias* que las ciudades de la llanura fueron destruidas por un rayo y consumidas por "el fuego del cielo". Ptolomeo relaciona el mar Muerto con Sodoma y lo denomina Sodomorum lacus. G.E.

Wright, en el *Westminster Historical Atlas* mencionaba que "es posible sostener la opinión de que las ciudades se encuentran sepultadas por las aguas poco profundas del extremo meridional del mar Muerto". Actualmente, sabemos que las lluvias de fuego y azufre no aparecen siquiera cuando se desencadena una erupción volcánica, por lo que es posible que su destrucción se debiese a un movimiento de la corteza terrestre que hundió la zona extendiendo el mar por ella, además este movimiento telúrico, pudo abrir grietas en donde el petróleo y el gas de los depósitos se inflamase y saliese al exterior. Sin embargo, es demasiada casualidad que las cuatro ciudades fuesen destruidas por el mismo terremoto y que además en las cuatro existiesen depósitos inflamables subterráneos. Por ello, todo apunta a que la destrucción no fuese natural y que se utilizase armamento de efectos devastadores.

Otro dato que puede ser significativo lo hallamos en las ruinas de Mohenjo-Daro, en la India; en el siglo pasado, se encontraron numerosos esqueletos con la característica común de que parecían quemados, los científicos encontraron piedras fundidas, huellas de incendios y de una explosión sumamente poderosa; es importante señalar que Mohenjo-Daro significa literalmente "Montículo de la muerte". Se descubrió que en el radio de un kilómetro fueron destruidos todos los edificios, y las poses de los esqueletos hallados mostraban que la gente iba caminando por las calles al morir. Pese a lo que muchos pueden pensar, en Mohenjo-Daro no se han hallado índices elevados de radioactividad, por lo que su destrucción, hace unos 3.700 años, fue causada, no por energía nuclear, sino por energía de otro tipo. Dado que para el físico William Sturm

"La fusión de ladrillos en Mohenjo-Daro no podría haber sido causada por un fuego normal", y para Antonio Castellani, ingeniero espacial en Roma: "es posible que lo que pasó a Mohenjo-Daro no fuera un fenómeno natural". Posiblemente la única explicación posible fuese el "rayo de Zeus", "un rayo más claro que mil soles, que pulverizaba a personas y animales". Davenport, estudiando durante más de 12 años textos hindús, asegura que mencionan que a los 30.000 habitantes les dieron siete días para evacuar la ciudad, lo que evidencia una clara advertencia que todo iba a ser destruido de forma premeditada.

También el *Veda Sabhaparva* menciona que "proyectiles que encerraban la fuerza del sol, levantaban tempestades, atronaban hasta que la tierra temblaba, la oscuridad se cernía sobre la ciudad y después la gente perdía el cabello, las uñas, le salían protuberancias y finalmente moría". El poema *Mahavira Charita* del *Ramayana*, menciona que un proyectil, cargado con la fuerza del universo, produjo una inmensa columna de humo y llamas deslumbrantes. "Tan brillante como 10.000 soles en todo su esplendor, era un arma desconocida, un trueno de hierro, un gigantesco mensajero de la muerte, que redujo a cenizas a la totalidad de la raza enemiga. Los cuerpos quedaron irreconocibles, sus cabellos y uñas se caían, la loza se rompía espontáneamente y las aves vieron decolorados su plumaje..." "Después de unas cuantas horas, todos los alimentos quedaron contaminados, para poder escapar de ese fuego, los soldados se arrojaron a los ríos para lavar su equipaje y lavarse ellos mismos..." "El Sol pareció temblar, y el universo se cubrió de calor. Las aguas hirvieron, los animales comenzaron a perecer y los guerreros hostiles cayeron derribados como briznas.

Grandes proporciones de vegetación quedaron desiertos, y hasta el metal de las carrozas se fundió ante esta arma..." También en la epopeya india del *Mahābhārata* se habla del empleo de un "arma divina" contra la tribu de los vrishnis, de la que había salido disparado un rayo más claro que mil soles, que pulverizó a personas y animales y los supervivientes sufrieron terribles lesiones, perdieron el cabello y las uñas. Las vasijas de cerámica estallaban sin motivo aparente, y ni siquiera la limpieza de la ropa y el cuerpo ponían remedio al mal. Las mujeres supervivientes sufrieron frecuentes abortos.

En el *Drona Parva* (libro de Drona) que forma parte del *Mahābhārata*, se menciona un fuego sin humo, que dejó todos los lados quemados "en un fuego del bosque". "Las duchas de flechas agudas y feroces cayeron y emitieron sobre el viento... quemado por aquellos ejes... los guerreros hostiles se cayeron como árboles quemados por un fuego furioso. Los elefantes enormes se quemaron por esa arma y cayeron abajo en la tierra por todo alrededor, pronunciando gritos feroces… los corceles, rey de O, y [los carros] también fueron quemados por la energía de esa arma, has visto, Señor de O, como las cimas de árboles [han sido] quemados en un fuego forestal."

Pero lo más extraordinario es que todas estas descripciones fueron realizadas, al menos, 2000 años antes de que el científico Enrico Fermi lograra la primera reacción nuclear y de que el físico Theodore Maiman fabricase el primer Láser. Ambas ideas surgidas de la mente genial de Albert Einstein.

Teniendo en cuenta todo lo relatado, ¿realmente era tan descabellada la afirmación de la Sociedad Thule?

Probablemente, Alemania poseía los vehículos más rápidos, los aviones más veloces y de mayor autonomía de vuelo, y la industria farmacéutica más pionera, además, creó los primeros aviones a reacción (Me-262) y los primeros misiles de largo alcance (V2). Algunas de estas tecnologías, se sospecha que pudieron "copiarse" del Legado atlante.

Numerosos cronistas mencionan que Hitler poseía la WunderWaffen, un "arma maravillosa" definitiva que cambiará para siempre el rumbo desfavorable de la guerra, lo que según Julius Evola, se debió a las expediciones que el III Reich realizó a la Antártida, ya que: "La primera expedición que realizaron las SS habría buscado una relación con un centro secreto de la tradición, la otra habría tendido a un contacto con la Thule hiperbórea oculta".

Louis Pauwels y Jacques Bergier en su obra *Le Matin des Magiciens* (el "retorno de los brujos" en la traducción al castellano), aseguran que un personaje enigmático denominado Fulcanelli (pseudónimo que algunos asocian a Louis Charpentier), les ratificó que la técnica para liberar el poder destructivo de la energía nuclear, había sobrevivido de forma parcial, dentro de los conocimientos de la alquimia; dado que el III Reich se interesó por dicha ciencia, ¿poseía bombas atómicas?

El historiador Rainer Karlsch, menciona que "sabían lo que era una bomba de plutonio y qué era una bomba de uranio-235. Lo que le faltaba a la Alemania nazi era suficiente material de fisión para fabricar una bomba nuclear completa". En su obra

Hitlers Bombe (la bomba de Hitler), asegura que pese a que los interrogatorios a los destacados, Werner Heisenberg y Carl Friedrich von Weizsaecker, parecieron dejar claro que Hitler estaba muy lejos de poder usar una bomba atómica; se desarrollaron tres ensayos nucleares con "granadas atómicas", que se habrían cobrado unas 500 víctimas entre prisioneros de guerra y de campos de concentración. Estos ensayos no los dirigieron Heisenberg y von Weizsaecker, sino Erich Schumann, Kurt Diebner y Walther Gerlach. Karlsch asegura que el primer reactor nuclear nazi estaba listo a principios de 1945 en las afueras de Berlín, y que ya en 1941 físicos del Tercer Reich habrían formulado una patente para una bomba de plutonio. Pese a esto, lo cierto es que Karlsch no puede demostrar nada y tal y como se refleja en el semanario *Der Spiegel* de 2005: "Los testigos a los que se refiere Karlsch no son creíbles o no conocen de primera mano lo que cuentan; los supuestos documentos clave que presenta se pueden interpretar de distintas maneras, y las mediciones elaboradas por encargo del historiador en los lugares de los experimentos no son concluyentes, según ese semanario.

David Pascual en *Los Alemanes en la Antártica,* menciona que, al menos, tres grupos de trabajo sobre el proyecto atómico se estaban desarrollando simultáneamente en la Alemania nazi: Uno dirigido por el ministro Albert Speer (bajo la dirección de Walter Gerlach y Kurt Diebner que incluía también a Werner Heisenberg y a Otto Hahn). Otro dirigido por el ministro de Telecomunicaciones, Dr. Ingeniero Wilhem Ohnesorge (en colaboración con la Wehrmacht y las SS, tutelando el trabajo del famoso físico Barón Von Ardenne, quien desarrollaría la separación del uranio enriquecido 235 mediante una técnica de centrifugación del hexafluoruro de uranio en sus laboratorios subterráneos de Berlín). Y un tercer grupo, comandado por el general Ingeniero Hans Kammler (controlado por las SS y que colaboraba con la Luftwaffe en la creación de un programa nuclear independiente, en el que obtendrían resultados operativos a mediados de 1943). Tras la guerra, el General Dr. Hans Kammler desapareció sin dejar rastro. Aunque según informes de la CIA desclasificados recientemente, existen indicios suficientes de su supervivencia tras la guerra y de su participación, con otra identidad, en el programa nuclear ruso a partir de 1945. En la gigantesca instalación Jonastal S III trabajaban y malvivían más de treinta mil obreros en una ciudad subterránea de veinticinco kilómetros de longitud. Mas tarde los rusos ocuparían esas ciudades subterráneas, ubicadas precisamente sobre los ricos yacimientos de uranio del sudeste de Alemania, y crearían desde 1946 la compañía rusa WISMUT (dirigida por Von Ardenne), que durante los 40 años siguientes llegaría a fabricar mas de 200.000 kilos de uranio enriquecido U235 destinados a equipar el arsenal soviético de bombas atómicas. Posteriormente las minas y ciudades subterráneas serian dinamitadas, y aun hoy el acceso a la zona sigue estando terminantemente prohibido por las autoridades de la reunificada Alemania. No obstante, pese a las afirmaciones de David Pascual, las lecturas de la muestra del suelo tomadas hasta el momento en los sitios de la detonación no proporcionan ninguna indicación de la explosión de una bomba atómica, Uwe Keyser, físico nuclear que trabaja para el instituto federal de Alemania de la física y de la tecnología en Brunswick, está probando actualmente muestras del suelo de Ohrdruf. Pese a que cree que las lecturas para las sustancias radiactivas que él ha obtenido hasta ahora son suficientemente anormales, se precisa un análisis más exacto.

A todo esto, se pueden añadir las palabras de Josep Goebbels, el cual afirmó que: "A esta infantería y a estos carros, les estamos dando un armamento que el enemigo ni imagina. Tenemos cañones de nuevo tipo, cohetes e instrumentos que nos permiten mirar y tirar en la oscuridad con toda precisión. Esta especie de lámpara invisible es un objeto no más grande que una mano. Con él los vehículos pueden moverse como en pleno día, los artilleros apuntar sin preocuparse de la falta de luz y los carros atacar. Tenemos una decena de cohetes teleguiados cuya potencia es sorprendente y la precisión desconcertante. Cuando el enemigo vea caerle encima una lluvia de A4 y A9, el uno con 10 y el otro con 15 Toneladas de cargas atómicas, no sé si juzgará útil seguir combatiendo…"

Ante lo expuesto, resulta razonable pensar que encontrasen, y aprovechasen, el antiguo Legado para la creación de armas nucleares, pero ¿tuvo acceso el III Reich a otros secretos de la perdida Atlántida?

Una mañana del 30 de junio de 1908, un objeto brillante observado por los viajeros del transiberiano, voló de sur a norte, y cruzó velozmente el cielo de Siberia y explotó, segundos después, encima de los árboles de la taiga. Destruyó una zona de 2100 Km^2 cercana al río Podkamennaya Tunguska. Manadas de reno se esfumaron sin dejar rastro y hubo seres humanos desaparecidos. Los sismógrafos de Irkutsk a 900 Km. oscilaron casi una hora, en Londres gracias al resplandor por la noche se podía leer el periódico y en los Países Bajos se suspendieron las observaciones astronómicas debido a la excesiva claridad. La explosión duró 2 décimas de segundo. No se ha hallado ningún cráter ni otras alteraciones de la roca asociadas a un posible impacto y se especula con que explotó a unos 600 metros de altitud. La radioactividad en la zona duplica la del entorno y se han constatado alteraciones genéticas en insectos y plantas (hay que apuntar que la bomba de Hiroshima explotó a 565 metros). En 1946, el científico y escritor Alexander Kasatsev, sostuvo la hipótesis que hubo una explosión nuclear producida por una nave espacial (extraterrestre, según él) averiada. Actualmente, se considera la hipótesis de que dicho suceso fuese algo natural, probablemente un aerolito. Sin embargo, no se puede afirmar, ya que el suceso no fue investigado hasta 1922 por el el minerólogo Leonid Kulik.

En 1938, Kulik realizó fotografías aéreas de la zona, lo que puso en evidencia una estructura del área de devastación en forma de "alas de mariposa". Esto indicaría que se produjeron dos explosiones sucesivas en línea recta, lo que podría indicar dos objetos. Además, tal y como sostiene David Barclay, dicha trayectoria coincide con el mismo "corredor de entrada" que usaron las naves del proyecto Apolo, lo que parece indicar que estaba tripulado, o al menos, dirigido.

Entre 1950 y 1970, otras expediciones hallaron microlitos cristalinos muy ricos en níquel e iridio y pequeñas partículas de magnetita, enterradas por toda la zona, esto es lo que ha conducido a la comunidad científica a opinar que el suceso ha sido natural (el iridio es raro en la Tierra y muy abundante en meteoritos). Sin embargo, también podría significar que se trataba de un objeto manufacturado: sabemos que el níquel se usa principalmente en aleaciones (aporta dureza y resistencia a la corrosión en el acero) pero también es, por ejemplo, un componente clave de algunas baterías (níquel-cadmio).

La magnetita es un imán natural (crea campos magnéticos) y contiene un 72% de hierro puro; actualmente se usa como añadido para protección radiológica y como protector del interior de los tubos de la caldera ya que es un compuesto muy estable a altas temperaturas y si la temperatura se mantiene muy alta, no se oxida (a temperatura ambiente forma óxido férrico). Los materiales más comúnmente utilizados para la preparación de microelectrodos (entre los 20μm hasta menos de 1 μm) han sido platino, oro y fibras de carbono. Sin embargo, el mercurio es el que presenta propiedades electroquímicas más favorables pero existe un problema: las películas son generalmente poco homogéneas y sin embargo, las películas depositadas sobre platino, oro, plata o níquel son razonablemente uniformes. Pero, estos metales forman compuestos intermetálicos que limitan su utilidad; por esta razón se prefieren materiales totalmente inertes, y por eso se utilizan las fibras de carbono. Pero su tensión superficial hace que el mercurio no se adhiera bien y forme una superficie rugosa. Tras estudiar diversos elementos para ser utilizados como soportes, y de acuerdo con datos teóricos y estudios experimentales se encontró que el iridio forma con mercurio una película uniforme y proporciona una buena adherencia con el mercurio. No es de extrañar que en los textos sánscritos se mencione que el mercurio era la base del funcionamiento de los vimânas.

 Por último, merece la pena señalar que la expedición italiana que viajó a la zona en 1999, ha tardado ocho años en comunicar que ha encontrado un cráter asociado al suceso (el lago Tscheko), de unos 50 metros de profundidad y 450 de diámetro, localizado a 5 km del epicentro de la explosión. El motivo de dicho retraso parece claro, ya que les obliga a afirmar que se trataría de un fragmento menor del cuerpo impactante (y ya serían 3) y que chocó a velocidad reducida, lo cual es dudoso, incluso para la comunidad científica, ya que consideran extraño que se generara sólo un cráter menor, en vez de un gran cráter (como el Cráter del Meteorito, en Arizona) o un rosario de pequeños cráteres (como el meteorito de Sikhote-Alin, en Rusia, o Campo del Cielo en Argentina), además existen árboles en el lago que aparentan tener más de cien años. Sin embargo, el equipo italiano asegura que han registrado anomalías gravitatorias y muestras del fondo del lago que revelan este origen. Además, no hay testimonios ni mapas que avalen la existencia de este lago con anterioridad a 1928. Si examinamos los testimonios de los supervivientes, podremos apreciar como detallan la forma de un hongo gigante que se elevaba por los aires, lo cual sugiere una explosión de energía nuclear; además, muchos de esos supervivientes murieron a los pocos días por causa de extrañas enfermedades y se notificaron mutaciones en los hijos de los nativos y en los animales. Además, una enfermedad afectaba a los nativos de la zona cubriéndolos de pústulas y matando a familias enteras…

Los médicos de la expedición liderada por Genadi Plejánov llegaron a la conclusión de que se trataba de ¡una epidemia de viruela!

La mayoría de científicos ha descrito al fenómeno de Tunguska, como "una enorme bola de fuego que calcinó y derrumbó millones de arboles, hizo caer gente a tierra a 400 km de distancia, oscureció el cielo e hizo temblar la tierra". Probablemente, nunca sabremos la realidad del suceso, pero echando un poco la vista atrás, pronto nos viene a la memoria un relato ya comentado: "Tan brillante como 10.000 soles en todo su esplendor… Las cimas de los árboles quemadas… Un rayo más claro que mil soles, pulverizó a personas y animales… Los cuerpos quedaron irreconocibles… Y las aves vieron decolorados su plumaje... Todos los alimentos quedaron contaminados… El Sol pareció temblar, y el universo se cubrió de calor. Las aguas hirvieron, los animales comenzaron a perecer y los guerreros hostiles cayeron derribados como briznas… Los elefantes enormes se quemaron por esa arma y cayeron…Grandes proporciones de vegetación quedaron desiertos… Los supervivientes sufrieron terribles lesiones, perdieron el cabello y las uñas, y ni siquiera la limpieza de la ropa y el cuerpo ponían remedio al mal…. Las mujeres supervivientes sufrieron frecuentes abortos…."

La Sociedad Thule creía en un resurgimiento de una nueva raza de hombres arios, los cuales serían guiados, tras el advenimiento de un nuevo Mesías, hacia su verdadero destino. Examinando la *Torah* (el *Pentateuco* cristiano), apreciamos que dicha idea no es nueva; algo similar encontramos en la vida de Abraham y de Moisés. Y también ocurre en los textos cristianos (el *Nuevo Testamento*), donde se incluye a Jesucristo y en los árabes (*Alqur'an*), donde se menciona a Ahmad Muhammad (Mahoma). De estos cuatro personajes, únicamente a Abraham y a Mahoma, se les ha concedido autenticidad histórica.

A ambos personajes, se les atribuye un contacto con individuos más poderosos (bien sea Yibril, otros "ángeles" o el propio Yhwh), los cuales crearon dos de las religiones más poderosas de la Tierra (o tres si contamos el cristianismo) ya que incluso en *Alqur'an* se nombra a Abraham como el predecesor de todos ellos. El licenciado en Estudios Orientales y Sánscrito, Robert Temple, en *The Sirius Mystery* (el misterio de Sirio), asegura que en dicha época los hebreos no existían aún y por tanto, Abraham ni era judío ni era árabe.

Dada la relación entre todos los anteriores, podríamos pensar que se trata de un contacto mantenido a través de los siglos, por un mismo grupo de gente, tal vez los supervivientes de la remota civilización perdida.

Para David Barclay, dichos contactos tenían como único fin la dominación de todos los habitantes de la Tierra. Efectivamente, si son analizados objetivamente, ponen de manifiesto un ambiente bélico unido a una sumisión total hacia dichos personajes. Probablemente, algo muy similar a lo vivido en Europa desde el año 1933 hasta el año 1945.

Peter Fiebag, en Verborgene Welten, menciona que en numerosos acontecimientos de su vida, Hitler se salvó de algún peligro de forma "milagrosa". Así en 1915, mientras almorzaba, una "voz interior" le ordenó de forma clara que se alejara de allí, agarró sus cubiertos y se marchó a más de 20 metros. Una granada cayó en el lugar donde él estaba poco antes, matando a todos sus compañeros que se habían quedado allí. En 1939, 1943 y 1944, todos los atentados organizados contra él fallaron por el simple hecho de que de forma imprevista, abandonaba el lugar donde estaba. Alec Maclellan en *The Lost World of Agarthi* (el mundo perdido de Agartha), refiere que en una ocasión, refugiado en su búnker de Baviera, empezó a exclamar "él, él ha estado aquí" y poco después volvió a decir "allí, allí, en esa esquina, ¿qué es eso?", aterrorizado, las personas que estaban con él intentaron tranquilizarle y explicarle que en realidad, allí no había nadie, al menos, nadie que ellos pudiesen ver...

Viendo lo expuesto, surge la pregunta ¿contactó el III Reich con esta misteriosa civilización, o fue al contrario?

Según algunos autores, existen indicios que pueden confirmar que antes del surgimiento del III Reich, existió una situación de inestabilidad política y militar, probablemente surgida de forma intencionada. Dicha inestabilidad, coincide con un aumento importante en las observaciones de tecnologías avanzadas.

Entre dichas observaciones podríamos mencionar el avistamiento de un satélite en Venus, referido entre otros, por el astrónomo Cassini y su posterior desaparición sin dejar rastro, hasta que entre 1768 y 1886 lo redescubriera el astrónomo Houzear (el cual le puso el nombre de Neith). Desde 1892 el científico Johannes Fiebag, asegura que nadie lo ha vuelto a ver. Un caso similar ocurrió con Vulcano, desde que en 1855 Urbain Leverrier (director del observatorio de París) sospechó de un objeto que desestabilizaba la órbita de Mercurio. El 26 de marzo de 1859, Lescarbaults confirmó la existencia de un pequeño planeta, que estuvo observando durante una hora, al que llamó Vulcano. En 1871, el astrónomo Rudolf Wolf de Zúrich encontró anotaciones de dos objetos con periodos orbitales de 26 y 38 días respectivamente. El 4 de abril de 1875 Heinrich Weber descubrió de nuevo a Vulcano en el lugar calculado; los observatorios de Greenwich y Madrid lo fotografiaron. El 19 de julio de 1878 durante un eclipse, James D. Waston, profesor de astronomía de la Universidad de Michigan y Lewis Swift vieron de nuevo dos objetos. A partir de 1878 ya nunca más han sido vistos.

Durante siglos astrónomos de la talla de sir John Herschel y el reverendo Nevil Maskelyne (astrónomo real) han observado esporádicamente unos fenómenos lunares denominados "moonblinks" (señales luminosas) en el interior de algunos cráteres. Pero el brote de estos fenómenos se inició en 1869 y cesó en 1879, donde se registraron más de 2000. Aparecían en grupos circulares, en formaciones triangulares y rectas; moviéndose y variando de intensidad como si estuviesen controladas por un ser inteligente (todas cercanas a Mare Crisium).

Por un tiempo breve también se han observado estructuras artificiales. En 1869 el astrónomo Johann Heinrich Mädler, descubrió en el cráter lunar Fontanelle, una fortificación cuadrada. En 1935 los astrónomos ingleses H.P. Wilkins y Patrick Moor avistaron un puente gigante en Mare Crisium.

En aquella época, Wilkins estaba considerado la primera autoridad lunar y calificó su hallazgo como "uno de los elementos más asombrosos, misteriosos y de apariencia artificial de la Luna; John O'Neil, el editor científico del *Herald Tribune*, ya lo observó en la noche del 23 de julio de ese mismo año.

¿Qué es lo que estaba pasando?

Probablemente, tras el cataclismo que destruyó la Atlántida (entendiéndola como la civilización avanzada a la cual nos referimos), sólo una mínima parte de su tecnología logró quedar intacta; sin embargo, era suficiente para mantener cierto "control" sobre todas las demás civilizaciones. Posiblemente el Renacimiento y el movimiento de revitalización cultural que conllevó, propiciaron un avance tecnológico e intelectual, que obligó a incrementar los recursos tecnológicos a los atlantes supervivientes.

Es probable que el potencial tecnológico de dicha civilización se mantuviese intacto más allá de la atmósfera terrestre, durante miles de años. Algunos relatos sumerios indican que antes del cataclismo algunos huyeron "al cielo de Anu" (es posible que la mítica Shambala, se refiera a un territorio fuera de la Tierra), o quizás, lograsen con el paso de los años, reiniciar una tecnología espacial.

Jonathan Swift escribió *Viajes a varios lugares remotos del planeta*, publicada como anónimo en 1726 y titulada popularmente *Los viajes de Gulliver*. En el capítulo Viaje a Laput, el personaje de Gulliver afirma que entabló conversación con unos individuos que tripulaban una isla volante, redonda y resplandeciente, gobernada a voluntad por sus tripulantes recurriendo al magnetismo. Además, dichos tripulantes le comunican a Gulliver la existencia de dos satélites minúsculos en órbita alrededor de Marte. Resulta sorprendente que en el siglo XVIII se pensase en la utilización del magnetismo; pero lo más interesante es, que los satélites de Marte fueron descubiertos, para la ciencia oficial, por el astrónomo Asaph Hall en el año 1877. El astrónomo Dr. Charles Olivier, menciona que es la profecía más asombrosa de los últimos mil años. No es para menos, ya que Swift describe las distancias y los periodos de las órbitas, lo cual suponía además, saber que Fobos sale por el oeste y se pone por el este, siendo el único cuerpo del Universo, hasta la fecha, que lo hace.

Dado que Swift era íntimo amigo de John Arbuthnot, médico de cabecera de la reina Ana, la última de los Estuardo y dada la relación de dicha casa real con los templarios y los masones ¿realmente fue una "profecía" lo relatado por Swift?

I.S. Shklovsky en 1959 publicó en la revista *Astronautics* una extraña teoría sobre los satélites de Marte. Basándose en el tamaño, la proximidad, el periodo de revolución de Fobos y sus órbitas casi circulares aventuró que se trataba de ¡satélites artificiales! Además, realizó cálculos sobre la variación de velocidad de la órbita de Fobos y anunció que era demasiado grande para tratarse de un objeto natural, a no ser que estuviese hueco y entonces ya no podría ser tampoco natural. Los astrónomos creen que se trata de asteroides cautivos, aunque desconocen los procesos naturales para explicar su captura. Las imágenes que se han obtenido, muestran formas irregulares con cráteres y cordilleras como otros asteroides. ¿Son éstas las famosas ciudades de los dioses descritas en los textos antiguos? A este respecto cabe mencionar que científicos como L.R. Shepherd, I.M. Levitt, Dandrige Cole y J.D. Bernal, mencionan que los asteroides, vaciándolos, podrían realizar el papel de arcas espaciales y sostener la vida en el espacio interplanetario. Jean Sendy, poco antes de la llegada del hombre a la Luna, en sus obras *Le Clé de la Bible* y *Ces Dieux Qui Firent le Ciel et la Terre*, opinaba que el último rastro del legado tecnológico (al que denominaba késheth), se encontraba en la Luna.

Christopher Knight y Alan Butler afirman que muchos especialistas sospechan que la Luna es hueca. Los autores plantean la extraordinaria hipótesis de que la Luna pudiera haber sido construida de manera artificial. A través de pruebas científicas y diversos argumentos matemáticos (como que es exactamente cuatrocientas veces menor que el Sol y se encuentra exactamente cuatrocientas veces más cerca de la Tierra que éste), nos conducen a unas sorprendentes y profundamente inquietantes conclusiones.

Los expertos están de acuerdo en que la Luna no debería estar donde está ya que no obedece a las reglas conocidas de la astrofísica y no hay ninguna teoría suficientemente convincente sobre su origen. Es también sorprendente que la Luna se adecue con sospechosa precisión a la yarda megalítica; medida de longitud que Alexander Thorm, identificó en todas las construcciones prehistóricas (como los menhires relacionados con el denominado Er Grah, los alineamientos megalíticos como el de Carnac, e incluso en construcciones como Stonehenge) de 83 centímetros de longitud, que demuestra que los constructores de estos monumentos protohistóricos poseían también altos conocimientos de matemáticas.

Por lo tanto, la conclusión es que, probablemente como respuesta al cambio acaecido en la humanidad, los supervivientes atlantes necesitasen incrementar su potencial bélico y realizar "maniobras militares", buscando un lugar tranquilo para ello (tal vez éste fuese el motivo de las moonblinks), o simplemente prepararse para una "escapada" de la Tierra.

El primer vuelo efectuado por los hermanos Wright, fue el 17 de diciembre de 1903 y el primer dirigible, el California Arrow de Thomas Baldwin, se inauguró en 1904.

Sin embargo, entre los años los años 1896 y 1897, uno o varios objetos, sobrevolaron amplias zonas del sudoeste de los EEUU; el acontecimiento se bautizó como "la crisis del misterioso avión", también denominado Air-Ship (barco aéreo). El investigador Robert G. Neely Jr. ha encontrando hasta 2.274 noticias de la época que hacían referencia a tal suceso.

John A. Keel en *Operation Trojan Horse* (operación caballo de Troya), menciona como el juez L.A. Burn encontró en Arkansas, en 1897, un objeto volador, con varias ventanillas iluminadas, tripulado por tres hombres que hablaban un idioma extranjero y que "parecían japoneses". Keel sospecha que en realidad dichos personajes no fuesen japoneses sino más bien tibetanos, relacionados con Agartha.

En vista de lo expuesto, podemos suponer que lo ocurrido en Tunguska, fue motivado por un problema al reentrar en la atmósfera. O bien se trató del uso de una potente arma sobre uno de esos objetos.

Algunos años después, el 9 de febrero de 1913, astrónomos aficionados y profesionales cualificados como el profesor Chant, de la Universidad de Toronto, divisaron unos objetos que al desplazarse producían "estallidos" sónicos y que después, aparentemente abandonaron la atmósfera terrestre. Dichos objetos fueron clasificados posteriormente como meteoritos, algo que Jacques Berguier y David Barclay no aceptan.

Un fenómeno similar al ocurrido en 1896, se produjo en 1917. Decenas de portugueses, extremeños y salmantinos (una franja comprendida entre los 39° y 41°), fueron testigos de oleadas de objetos voladores. Los sucesos coinciden con animales muertos con extracción de sangre (zona de Berlanga y Azuaga), con una persona (Nicolás Sánchez Martín), afectada, posiblemente por radiación, tras un enfrentamiento a una extraña luz que se interpuso en su camino, motivo por el cual acabó muriendo sin remedio; y con los llamados milagros de Cova de Iría (Portugal), donde 70.000 personas fueron testigos de como "el Sol se agitó, cambió de emplazamiento y se precipitó sobre la multitud," el 13 de octubre. Junto a este suceso, tres niños (Lucía, Jacinta y Francisco), vieron a un diminuto personaje de un metro, que identificaron como la Virgen, que traía importantes "mensajes de paz".

Tras estos acontecimientos, en 1918 se produjo la epidemia de gripe más devastadora de la era moderna, se calcula que provocó la muerte de unas 20 millones de personas de manera oficial y de más de 60 millones de modo oficioso (pese al nombre de "gripe española" su origen no fue español, ya que los primeros casos se dieron en Kansas, el 4 de marzo de 1918 entre soldados norteamericanos que posteriormente llegaron a

Europa y esparcieron el virus). Pese a ello, algunos autores, como David Barclay, sostienen que guarda relación con los avistamientos.

Tras estos acontecimientos y desde 1927 hasta 1934, se recibieron señales de radio desde la Luna; incluso en 1935, los científicos Van der Pol y Stormer, las captaron alrededor de ella.

No puede ser casual que las primeras civilizaciones y las pirámides chinas, egipcias y mesoamericanas, se encuentren en la situación de 23° 27' de latitud Norte. Lo que coincidía con el Trópico de Cáncer hace algunos años (actualmente, se encuentra en una latitud aproximada de 23° 26' pero hace unos 100 años se encontraba en la latitud 23° 27', hace 2000 años en la latitud 23° 41' 41'' y en el año 7170 aC estaba en la latitud 24° 13' 40''; es decir, se están desplazando hacia el ecuador a una razón de 14.7 m por año). Es evidente que algo motivó a utilizar esta zona; algunos científicos opinan que se quisiese aprovechar las masas de aire cálido; dado que hace 6000 años la "zona tropical" estaba mucho más al norte, no parece ser una buena argumentación. Entonces ¿cuál es la razón?

Es significativo que aún a día de hoy, se encuentran unos puntos en esta franja, donde frecuentemente desaparecen desde barcos hasta aviones; cuando se recuperan algunos de estos objetos, su tripulación ya no está, pese a que todo sigue como si acabasen de estar ahí presentes, esta zona es popularmente conocida como "El triángulo de las Bermudas."
Ejemplos famosos son los siguientes:

El velero francés Rosalie, mientras se dirigía a la Habana, apareció el 27 de Agosto de 1840 en perfecto estado pero completamente abandonado.
El 7 de noviembre de 1872 zarpó de Nueva York el bergantín Mary Celeste, con una carga de alcohol industrial, rumbo a

Génova, el 5 de diciembre el capitán de Dei Gratia divisó el barco, al notar que algo no funcionaba bien, se acercaron y abordaron el barco. El compás de bitácora estaba destruido, pero todo lo demás estaba intacto, incluida la carga y los objetos valiosos de las 11 personas que formaban la tripulación y el capitán. Todos habían desaparecido junto con un bote salvavidas. En las anotaciones del cuaderno de bitácora solo ponía que se encontraban a 110 millas al oeste de Santa María, en las Azores, a 500 millas de donde habían encontrado el barco; nunca más se supo de los tripulantes del barco.

El 20 de Agosto de 1881, El barco Ellen Austin divisó una goleta sin nombre pero intacta, tras abordarla y comprobar que el barco estaba en perfectas condiciones (incluida la carga), la remolcaron a puerto, el segundo día de navegar juntos, tras una tormenta, el Ellen Austin estaba otra vez solo, al día siguiente lo volvieron a encontrar, pero la tripulación que había puesto ya no estaba y ni siquiera habían tocado las provisiones. Con más precauciones (tanto de la tripulación como del propio barco), la volvieron a remolcar, poco a poco en medio de una fina lluvia se empezaba a alejar, al instante se formó una niebla alrededor de la goleta y cuando se disipó el barco había vuelto a desaparecer para siempre.

La lista es increíble; La Preya, The Spray, El cyclops (de 150 metros de eslora), El Carol Deering, El Raifuku Maru, El Cotopaxi, El Suduffco, El Witchcraft, El Revonoc, El Ithaca Island, El Maple Bank, The Vagabond, El Anita (de 20000 toneladas), etc.

También la lista de aviones que han desaparecido es inmensa: como el Sting 27, un caza de combate Phantom II F-4E, que despegó a las 8:05, dos minutos después el piloto contactó con la base para informar que todo iba bien, a los 8 minutos contactó con el Sting 28 por radio, pero en ese momento la torre de control se dio cuenta que la señal SIF (selective identification signature) se estaba perdiendo, tras informar al Sting 27 y recibir contestación, se perdió la señal en la pantalla, nunca más se encontró; pese a que el Sting 28 estaba a 5 minutos y los Sting 29 y 30 llegaron poco después, tan solo encontraron en el mar una extraña agua descolorida y turbulenta, que a los 7 minutos ya había desaparecido. Otros ejemplos son: dos aviones Stratontankers kc-135 (a la vez), un Cargomaster c-132, El Flying Boxcar c-119, El Aerostar 601, El Beechcraft Baron 58, El Cessna 337 Skymaster, El Piper Cherokee 150, El Cherokee, El Cessna 152, El Aero 500, un avión comercial modelo CM (enfrente del aeropuerto de Miami), etc.

Lawrence David Kusche en su libro *Bermuda Triangle Mystery Solved* (el misterio del triángulo de las Bermudas resuelto), destapa algunos errores y mitos del triangulo de las Bermudas; también menciona que descubrió que el barco La Preya había naufragado en el Pacífico y durante un maremoto. Partió el 3 de octubre desde Manzanillo, ciudad del Pacífico; al día siguiente, se vio sacudido por un maremoto ocasionado, según Kusche, por los "fuertes terremotos que azotaron el área de Acapulco y Chilpancingo" y fue hallado cerca de Mazatlán, también en el Pacífico, según consta en los registros de la compañía Lloyd's; por lo que su punto de vista, es que el misterio empezó a causa de una investigación descuidada y fue elaborada y perpetuada por escritores que, consciente o inconscientemente, se sirvieron de errores, razonamientos incorrectos o simple sensacionalismo.

Brian Hicks en su libro *Ghost Ship: The Mysterious True Story of the Mary Celeste and her Missing Crew* (barco fantasma: la verdadera historia misteriosa del Mary Celeste y su tripulación desaparecida), ofrece una posible explicación al enigma de la desaparición del capitán Benjamin Spooner Briggs, su esposa Sara, su hija y toda la tripulación, y el hallazgo del barco prácticamente intacto y sin botes salvavidas. El autor cree que la causa pudo estar en la bodega del Mary Celeste, que iba cargado con 1700 barriles de alcohol industrial, algunos de los cuales se encontraron vacíos, como si el líquido se hubiera evaporado. En total, calcula que se perdieron así unos 2000 litros de alcohol. Los vapores llegaron a suponer un peligro para la tripulación y como apenas soplaba el viento en la zona, el capitán optó por airear el barco y trasladar a todos sus ocupantes a un bote salvavidas atado al bergantín hasta que la atmósfera fuera respirable. Una repentina tempestad rompió entonces el cabo y dejó a los ocupantes del Mary Celeste a la deriva. Hicks asegura que el hallazgo de la comida servida en la mesa es en realidad parte de un cuento de Arthur Conan Doyle titulado *El capitán del Polestar* ambientado en el barco desaparecido en 1883.

En resumen, Norman Hooke, de la compañía de seguros Lloyd´s, afirma que "las desapariciones se deben normalmente a condiciones meteorológicas severas".

Sin embargo, no todo es atribuible a las condiciones atmosféricas:

Richard McIver, geoquímico vinculado a la industria petrolífera, sostiene que la clave está en las reservas de metano en estado de hidrato, vinculado a la descomposición de animales y plantas. El gas se cristaliza, debido a la presión y a la baja temperatura, y queda atrapado entre los estratos. Estos escapes de gas a alta presión han provocado numerosos accidentes en barcos perforadores y plataformas petrolíferas. Larry Kuhlman, de Neal Adam Firefighter Inc., ha presenciado gran número de accidentes de este tipo (Más de 40 plataformas y barcos perforadores, se han hundido en todo el mundo debido a escapes de gas). Kuhlman asegura que "Las plataformas se hunden por dos razones: una es la reducción del peso específico del agua debido a la presencia de gas, y la otra es que el agua sube de nivel, llega hasta la cubierta y se introduce en los sistemas de conducción interna. El gas asciende hasta la superficie muy deprisa y, en algunos casos, las plataformas se hunden en cuestión de minutos, incluso los trabajadores que se lanzan al agua gasificada intentando salvarse descubren que se hunden y ni con chaleco salvavidas flotan". Los corrimientos de tierra submarinos pueden sacar a la luz depósitos de gas, que, liberado en grandes cantidades, desencadenará una catástrofe localizada. Si un barco navega por las inmediaciones, casi con toda seguridad acabará en el fondo del mar. Experimentos llevados a cabo en el Instituto de Ciencias Oceanográficas de Gran Bretaña han revelado qué ocurre a una embarcación que navega en una mezcla de gas y agua. La piscina permanece tranquila hasta que se produce el escape gaseoso. Entonces, el agua se convierte en un auténtico infierno blanco, la turbulencia atrapa al navío y éste se hunde. Esto es lo que, según Richard McIver, ocurre en el triángulo de las Bermudas: los sedimentos se rompen, el gas queda libre y, en su camino hacia la superficie, se traga los barcos. Lo cual coincide con lo relatado en la desaparición del avión Sting 27, donde "solo encontraron en el mar una extraña agua descolorida y turbulenta, que a los 7 minutos ya había desaparecido". ¿Pero, puede afectar un escape de gas a un avión? McIver asegura que bastaría una chispa del motor para provocar una explosión en un avión que se adentrara en una nube de metano provocada por un escape submarino.

Sin embargo, hace miles de años, ni las condiciones meteorológicas eran las mismas, ni existía tanta navegación marina como para conocer el fenómeno de las reservas de metano, ¿puede existir otra razón que provoca los accidentes y que pudiese ser conocida en la antigüedad?

Carolyn Cascio, efectuaba pequeños trayectos entre las islas desde hacia años, se conocía la zona al dedillo. El 7 de junio de 1964, transportaba a un pasajero desde Nassau a isla Gran Turco. Cuando calculo que se acercaba a la isla, comunicó por radio que no encontraba la ruta y lo que veía eran dos islas que jamás había visto. Mientras tanto, a esa misma hora muchos testigos informaron que un avión como el de Cascio sobrevoló la isla durante más de media hora. Parece ser que la realidad que veían los del avión no era la misma que la de tierra.

Bruce Gernon Jr., fue testigo de un hecho similar el 4 de diciembre de 1970, esta es su historia: "Mi padre y yo habíamos estado volando con nuestro propio avión en las Bahamas desde 1967 y habíamos hecho ya una docena de vuelos hacia y desde la isla Andros. Todo parecía normal aquel día, sobre las 15:00 cuando mi padre, un amigo y yo despegamos hacia Miami en nuestro Beechcraft Bonanza A-36. Un poco después del despegue, divisé una nube elíptica delante nuestro, a unos dos kilómetros de distancia. Estaba a unos 250 metros sobre el océano; era la típica nube lenticular, pero nunca había visto ninguna a tan baja altura. Como el servicio de vuelo de Miami había anunciado por radio que el tiempo era bueno, continuamos. La nube se convirtió en rápidamente en una nube tipo cúmulo de tamaño gigantesco. Estábamos subiendo 500 metros por minuto y la nube parecía crecer al mismo ritmo. Antes de que nos diésemos cuenta, nos tragó. Tras 10 minutos en su interior, alcanzamos los 6000 metros de altura y allí el cielo estaba despejado. Nivelé los mandos y aceleré al máximo a una velocidad de unos 300 Km/h. Cuando miré abajo, la nube era un gigantesco semicírculo que se extendía a nuestro alrededor, la visibilidad era de unos 20 Km y la nube seguía más allá. Tras unos minutos la perdimos de vista. De repente, otra nube se formó delante nuestro, cerca de las islas Bimini, a una altura de 30000 metros (no podía ser la de antes) cuando nos acercamos vimos que parecía surgir directamente de la superficie de la tierra. Al entrar todo se volvió oscuro, la visibilidad se redujo a unos 4 ó 5 Km. No había lluvia ni rayos, pero sí unas luces brillantes luces blancas en forma de flash que nos iluminaban unos segundos, cuando más nos internábamos más intensas eran, por lo que giramos a la izquierda para dejar la nube al Sur. Habíamos estado volando 27 minutos, tras 12 ó 13 kilómetros vimos que la nube de Andros y la de Bimini eran las partes opuestas de una forma de anillo en la que estábamos dentro. 5 minutos más tarde una parte al Oeste, se abría en forma de "U" formando un túnel, giramos hacia allá para buscar una salida. La "U" se transformó en un círculo en forma de túnel de 2 Km de ancho y más de 20 de largo. Nos metimos en el y aceleré al máximo, ya que se cerraba tras de nosotros. Íbamos a 500 Km/h y estuvimos 20 segundos dentro, al salir el túnel solo tenía 100 metros de ancho, las paredes eran nubes circulares perfectamente unidas unas a otras. Cuando nos giramos el túnel se cerró completamente como si nunca hubiese existido. Todos los instrumentos electrónicos y magnéticos de navegación funcionaban mal, el controlador de Miami al contactar con él me dijo que estábamos a 90 Km al Sudoeste de Bimini, con dirección Este y una altura de 2.500 metros, y que segundos antes nadie estaba en esta zona. Entonces, algo insólito sucedió. El cielo azul se tornó en una nube grisácea y muy espesa. No podíamos ver el océano ni el horizonte ni el cielo. Estábamos durante 3 minutos en esa niebla, cuando el controlador aéreo nos comunicó que estábamos encima de Miami Beach, volando hacia el Oeste. Le dije a la torre que debían haber identificado a otro avión, puesto que nosotros debíamos estar a unos 180 Km. De repente, la niebla empezó a disiparse. Unas largas líneas horizontales aparecieron en la niebla a nuestros costados, de aparentemente 10 Km de largo. Al final veíamos el cielo azul. Las líneas se continuaron expandiendo hasta que se juntaron. En unos 10 segundos, desaparecieron con un fogonazo. Lo único que teníamos delante era un brillante cielo azul, cuando nuestras pupilas se adaptaron a la luz, delante teníamos Miami Beach."

"Tras aterrizar en Palm Beach, me di cuenta que el vuelo había durado menos de 47 minutos. Pensé que el contador de avión estaba mal, pero nuestros relojes marcaban las 15:48. Nunca había hecho el viaje en menos de 75 minutos, ni siquiera en ruta directa, y en este viaje nuestra ruta era indirecta; lo que más o menos eran 500 Km. ¿Cómo pudimos hacer 500 Km en 47 minutos?, sin duda el túnel que nos costó menos de 4 minutos atravesar, nos ahorró 200 Km de espacio y 30 minutos de tiempo."

Parece extraño que el avión de Carolyn Cascio, no aparezca entre los aviones perdidos o estrellados en 1964 ¿tal vez sea una invención de Charles Berlitz? Pudiera ser… Sin embargo, el caso de Bruce Gernon, aparte de en *Without A Trace* (sin rastro) de Charles Berlitz, también lo menciona Arthur C. Clarke en *Mysterious Universe* (universo misterioso) junto a sendos reportajes en el Discovery Channel y la televisión por cable TLC (de Canadá y EEUU), haciendo referencia al triángulo de las Bermudas, por lo que la localización y el suceso son reales; entonces ¿qué causa los ha producido?

El famoso físico John Archibald Wheeler (compañero entre otros de Niels Bohr y Albert Einstein), mencionaba la posibilidad de que los fenómenos que en esta zona acontecen se deben a túneles transdimensionales o microagujeros de gusano; lo cual parece explicar el caso de Bruce Gernon Jr. (y el de Carolyn Cascio, si posee una base real). Actualmente, no hay constancia de investigaciones en este sentido; sin embargo, Claudio Soler y Mónica Quirón en *El triángulo de las Bermudas* mencionan que algunas informaciones parecen indicar que científicos intentan localizar estas zonas que permitirían un avance en la aeronáutica. La teoría del físico Miguel Alcubierre, sugerida en 1994, menciona que se podría viajar más rápido que la velocidad de la luz, alterando el espacio-tiempo, si la materia pudiese expandir dicho espacio-tiempo detrás de un vehículo (de manera que empujase el punto de partida muchos años luz hacia atrás) y contraer el espacio tiempo en frente (colocando el punto de destino más cerca), mientras que se dejaba a la nave misma en una región plana local de espacio-tiempo unida por una "burbuja de deformación" que permanecía entre las dos distorsiones. La nave podría entonces navegar en su burbuja a una alta velocidad arbitraria, empujada hacia delante por la expansión del espacio a sus espaldas y la contracción del espacio en frente de ella. Podría viajar más rápido que la velocidad de la luz sin romper ninguna ley física porque, con respecto al espacio tiempo en su burbuja de deformación, estaría en reposo. Al igual, estando localmente estacionaria, la nave espacial y su tripulación serían inmunes de cualesquiera devastadoras altas aceleraciones y desaceleraciones (obviando la necesidad de las "diversas disminuciones de amplitud electrónica, mecánica, acústica y aerodinámica inerciales") y de efectos relativistas tales como dilatación en el tiempo (ya que el paso del tiempo dentro de la burbuja de deformación sería el mismo que en el exterior).

Richard E. Byrd era contraalmirante de la marina, escritor, aviador y explorador. Como copiloto del aviador Floyd Bennett sobrevoló, por primera vez, el Polo Norte en 1926. Posteriormente, realizó su primera expedición a la Antártida, que se prolongó de 1928 a 1930, y estableció en la bahía de Whales, la base Little America. En el transcurso de la expedición, cuyo objetivo era cartografiar 388.300 Km^2; algunos de sus integrantes descubrieron la cordillera Edsel Ford y la región de Marie Byrd. En 1929, con tres acompañantes, realizó el primer vuelo de la historia sobre el Polo Sur. En su segunda expedición a la Antártida (1933-1935), en la que vivió solo durante cinco meses en una choza a 196 Km al Sur de la base de Little America, llevó a cabo investigaciones meteorológicas y aurorales. El grueso de la expedición inspeccionó 1.165.000 Km^2 y acometió investigaciones científicas de muy diversa índole. En la tercera expedición (1939-1940), fueron cuatro los vuelos de exploración efectuados y numerosos los descubrimientos. La cuarta expedición de Byrd a la Antártida (1946-1947) fue, fundamentalmente, de carácter exploratorio. En la misma se cartografiaron aproximadamente 325.500 Km^2, de los que al menos un tercio del territorio se incluía en los mapas por primera vez. Además, antes de volver a Estados Unidos, sobrevoló por segunda vez el Polo Sur. En 1955 estuvo al frente de la Operación Deep-Freeze, una expedición también a la Antártida organizada por Estados Unidos con motivo de la celebración del Año Geofísico Internacional (1957-1958). A comienzos de 1956 sobrevoló por tercera vez el Polo Sur, y poco después abandonó la expedición. En 1957, cercana ya su muerte, mencionó que con las expediciones había descubierto un "continente encantado en el cielo, tierra de un perpetuo misterio". Hasta aquí, nada raro ni extraordinario parece desprenderse de estas expediciones ni de estas palabras; sin embargo, en 1959, Amadeo Giannini, publicó *Worlds Beyond the Pole* (mundos más allá del Polo) donde al parecer, daba a conocer los "increíbles" descubrimientos del contraalmirante. Nada más intentar su publicación, se produjeron intentos de eliminar el libro; posteriormente, su editorial no le dio publicidad y el libro paso casi desapercibido. En diciembre de 1959, la revista *Flying Saucers* (platillos volantes) del editor Ray Palmer; publicó un artículo mencionando el hecho; como resultado, 5000 suscriptores no recibieron la revista y desapareció un distribuidor (con 750 ejemplares). Al tratar de reeditarlos, descubrieron que las láminas habían sido dañadas. En el libro y la revista, se menciona que en noviembre de 1955 Byrd anunció que la próxima expedición sería "la más importante en la historia del mundo" y cuando regresó declaró "esta expedición ha abierto un nuevo y vasto territorio". Llama la atención, la obsesión por los Polos y el por qué dejó la última expedición y antes de regresar, volvió a volar al Polo. ¿Encontró algo fuera de lo normal, y antes de volver lo quería ver por última vez? Esto explicaría sus enigmáticas palabras al regresar, y las realizadas al *National Geographic Magazine*, donde cuenta que: "al otro lado del Polo, estamos viendo esa vasta área desconocida que tantos esfuerzos nos ha costado encontrar".

Entonces ¿qué pudo ser lo que encontró? Si se repasan las declaraciones oficiales efectuadas en 1956 mencionan que "miembros de la expedición de EEUU, efectuaron un vuelo de 4300 Km desde la base de Mc Murdo Sound, a 600 Km del Polo Sur y se internaron 3700 Km en una zona más allá del Polo". ¿4300 Km? Y tanto que se internaron "más allá" del Polo, como que el diámetro de la Antártida no supera los 4500 Km. Algunas personas recuerdan noticieros en los que se muestran imágenes de montañas, ríos y árboles, e incluso un animal que recuerda a un mastodonte o un mamut. Una mujer escribió a Ray Palmer acerca de este noticiario, asegurando que lo había visto en la ciudad de White Plains (New York), en 1929 y el mismo Ray Palmer, afirma recordar ese documental.

Un artículo de Jean Brun en la revista *Nostra* en 1980, asegura que encontraron un "oasis de vegetación" y que el capitán Fitin anotó: "El 14 de Junio de 1926, estaban a 74 metros de Altitud, a 12h 08. Los cuatro hombres se pusieron a utilizar sus cuerdas para llegar a la maravillosa vegetación que se extendía sobre una centena de metros. Después de una larga hora de bajada, habían cambiado de mundo. Una vegetación abundante. El calor suave (el termómetro indicaba 19.8°C) los obliga a quitar sus trajes de exploradores polares. Byrd y sus compañeros vieron pequeñas ribieras, lagos y colinas con vegetación. A 1500 m. aproximadamente, vieron una mancha gris que se movía lentamente, con sus binoculares, el Almirante Byrd observó un animal con pelaje gris; un animal que se parecía a un mamut."

No obstante, oficialmente no consta en ningún archivo la existencia de ningún documental (lo cual resulta ya algo sospechoso, pues todos los exploradores suelen grabarlos en sus expediciones). Lloyd K. Grenlie, operador de radio de Byrd en 1926 y 1929, fue después, el vecino de Ray Palmer, por lo que posiblemente, le influyese de algún modo, tal vez contándole algún secreto, ya que el mismo Ray Palmer afirma que no solo existió una expedición al Polo Norte, sino que al menos fueron dos (oficialmente inexistentes) y Raymond Bernard en 1991 mencionó que la prensa de Nueva York, describió que en 1947 Byrd sobrevoló 2700 Km de tierra y lagos de agua dulce, más allá del presunto fin del Polo Norte. Pero Byrd, no fue el único obsesionado con los Polos. Roald Engebrecht Amundsen, entre sus numerosos viajes y exploraciones, en 1897 participó en una expedición a la Antártida. Posteriormente, entre 1903 y 1906 capitaneó una corbeta (Gjöa), navegando con éxito a través del paso del Noroeste, que une los océanos Atlántico y Pacífico, siendo la primera travesía realizada por un solo barco, y además estableció la posición del Polo Norte magnético. Su siguiente expedición la realizó entre 1910 y 1912, en un barco de gran calado (Fram), pasó a la historia como la de mayor éxito de todas las exploraciones a la región antártica. Amundsen y sus acompañantes pasaron allí más de un año, y él personalmente dirigió las exploraciones y las investigaciones científicas que se realizaron. El 14 de diciembre de 1911 llegó, por primera vez en la historia, al Polo Sur. Tras la guerra mundial, en 1918 zarpó de Noruega, con dirección al Polo Norte, el viaje finalizó en 1920, con la llegada de la nave a Nome, Alaska. En 1922 intentó, sin éxito, llegar al Polo por barco y aeroplano a la vez. En mayo del año 1926, consiguió cruzar el Polo Norte, en un vuelo de más de 70 horas, desde Spitsbergen (Svalbard) a Teller, Alaska. En esta ocasión voló en compañía del explorador Lincoln Ellsworth y del también explorador e ingeniero Umberto Nobile, en un dirigible bautizado Norge. En 1928, Italia, la aeronave de Nobile, sufrió una avería durante un vuelo al Polo, Amundsen, se ofreció voluntario para ir en su busca; unas horas después de que despegaran de Tromsø (Noruega), se perdió el contacto con Amundsen y sus cinco acompañantes. Los restos del aeroplano se encontraron cerca de Tromsø, exactamente 64 días después (el 31 de agosto); a Nobile lo encontraron vivo en un archipiélago de Noruega. Resulta extraño que el mismo año y en las mismas fechas tanto Byrd como Amundsen, realizasen un vuelo al Polo Norte y que ambos se obsesionasen; igualmente, la desaparición de Amundsen tan cercana a su punto de partida, resulta demasiado sospechosa.

¿Encontraron estos exploradores extensiones de tierra que no corresponden con la realidad geográfica?; tal y como defienden autores como David Barclay, Ray Palmer, Amadeo Giannini, Raymond Bernard, Tito Martínez, F. Idille, Hector Antonio Picco, etc.

En el siglo XVIII numerosas personas creían que la Tierra era hueca. El matemático Leonard Euler dedujo que contenía un sol central y que estaba habitada; el doctor Edmund Halley (descubridor del cometa Halley y astrónomo real de Inglaterra), creía que albergaba en su interior tres plantas. La primera teoría seria se publico en 1906 por William Reed en Phantom of the Poles (los Polos fantasmas), basándose en informes de exploradores, afirmaba que en cada uno de los dos Polos de la Tierra, se abría una abertura circular que permitía la entrada al interior de la misma. Marshall B. Gardner en 1920 expuso nuevas teorías para completar las de Reed. Willis George

Emerson en *The Smoky God* (el dios que fuma) recoge el testimonio de Olaf Jansen, el cual vio, yendo hacia el norte polar, una zona de exuberante vegetación en la cual también observó a un mamut.

Dicha historia, es muy semejante a la que se atribuye a Byrd, también el Dr Nephi Cottom menciona que un paciente suyo le relató una muy similar. Sin embargo, actualmente, se sabe con certeza que la Tierra no es hueca, ya que el "peso" de la Tierra es de, aproximadamente, $5{,}983 \cdot 10^{24}$ kg y si la Tierra está compuesta de tan solo una fina corteza; no existe la masa suficiente para tal "peso". No obstante, Raymond Bernard afirma que si fuese maciza, el peso sería mucho mayor, pese a que en realidad, la Tierra es uno de los planetas más densos del sistema solar y si aplicamos la ley de gravitación universal de Newton (considerando $G=6{,}67.10^{-11}$ Nw$\cdot$m$^2\cdot$Kg^{-2}) la masa es exactamente $5{,}983 \cdot 10^{24}$kg; es decir, la atracción que el Sol ejerce sobre la Tierra, y por tanto, su "peso". De igual modo, la actividad sísmica demuestra que está compuesta de capas distintas, e incluso es posible averiguar a que profundidad está cada una de ellas.

¿Entonces, si la Tierra no es hueca, cuál es esa zona "más allá del Polo", ese "nuevo y vasto territorio", "esa vasta área desconocida que tantos esfuerzos nos ha costado encontrar", que Byrd trató de descubrir en la expedición "más importante en la historia del mundo"?

Tras la II Guerra Mundial, los Estados Unidos enviaron la expedición más grande a la Antártida: más de 4000 personas, apoyadas por trece barcos y más de veinte aviones, en la que denominaron operación Highjump (expresión que se utiliza para denominar al salto de altura de atletismo y que resulta algo extraño para designar a una zona desértica y helada). Posteriormente, el año geofísico internacional, cuyas (oficialmente), principales actividades fueron el lanzamiento de satélites artificiales, el sondeo del suelo oceánico, y las exploraciones científicas y sistemáticas en la Antártida, declarado desde julio de 1957 hasta diciembre de 1958; tuvo como resultado el Tratado del Antártico, que en 1959 reservó la Antártida para la investigación científica. Además, en agosto de 1958, el Nautilus el primer submarino nuclear fabricado, en su primera misión, se dirigió al océano Glacial Ártico. El viaje, que duró cuatro días y cruzó el Polo Norte, comenzó en el estrecho de Bering y finalizó en Islandia, realizó la primera travesía submarina del Polo Norte, atravesándolo bajo el casquete polar, desde Point Barrow (Alaska) hasta un punto situado entre Spitsbergen (Noruega) y Groenlandia. Más tarde, ese mismo mes, el USS Skate, otro submarino nuclear botado el año anterior, alcanzó junto al USS Seawolf y el USS Swordfish el polo norte, en un viaje de exploración. El Seawolf fijó un nuevo récord de resistencia bajo el agua en 1958: 60 días entre el 7 de agosto y el 6 de octubre. ¿Qué es lo que buscaban allí, por qué prohibieron las exploraciones y visitas a la Antártida, y por qué enviaron a tantos submarinos nucleares?

El campo magnético de la Tierra genera un auténtico escudo protector contra diversos tipos de radiación cósmica. La magnetosfera reduce significativamente la cantidad de rayos cósmicos que llegan hasta nuestra atmósfera y disminuye por tanto la tasa de mutación asociada a ellos. Pero hoy sabemos que el campo magnético no es constante. Con frecuencia el campo magnético de la Tierra ha invertido su polaridad. Durante los últimos cinco millones de años se han efectuado más de veinte inversiones, la más reciente hace 700.000 años. Otras inversiones ocurrieron hace 870.000 y 950.000 años La inversión magnética terrestre es un proceso que puede prolongarse durante 15000-20000 años y durante este periodo además de desvanecerse transitoriamente la dipolaridad del campo magnético, su intensidad decrece hasta un 10% de su valor habitual. Midiendo el magnetismo de rocas situadas en estratos formados en periodos geológicos distintos se elaboraron mapas del campo magnético terrestre en diversas eras. Estos mapas muestran que ha habido épocas en que el campo magnético terrestre se ha reducido a cero para luego invertirse.

 Las líneas de fuerza magnética en las proximidades de la superficie terrestre se enroscan y se enmarañan y los polos magnéticos aparecen inesperadamente en lugares poco acostumbrados. Larry Newitt (miembro de la Geological Survey de Canadá), comprobó que el polo se movió durante el siglo XX, en dirección norte, a una velocidad de 10 Km por año, acelerando últimamente hasta 40 Km anuales. El campo magnético de la Tierra también está sufriendo otro tipo de cambios: las agujas de las brújulas en África, por ejemplo, oscilan casi un grado por década. Y globalmente el campo magnético se ha debilitado un 10% desde el siglo XIX. Los científicos mencionaron esto en una convención de la Unión Geofísica Americana, el profesor de la Universidad de California Gary Glatzmaier advierte que las inversiones son impredecibles. Vienen en intervalos irregulares, y aproximadamente, una vez cada 300.000 años. Sin embargo, según una investigación desarrollada por científicos italianos, la Tierra posee una memoria magnética que reproduce el fenómeno de la inversión de los polos magnéticos en serie y no de forma aleatoria. Han comprobado que la inversión de los polos magnéticos, se produce en forma de racimos (clusters en inglés) en serie, que desvelan la existencia de una especie de memoria magnética de nuestro planeta, mediante la cual la Tierra recuerda episodios similares anteriores. El estudio se ha hecho mediante un análisis estadístico detallado de los diferentes datos físicos y geológicos atribuidos a los históricos periodos de inversión de los polos magnéticos. A través de este análisis estadístico, los científicos han descubierto que la secuencia de inversión de los polos responde a una distribución de Lévy, lo que significa que aparece en el tiempo de manera correlativa, en serie, y no de manera aleatoria e independiente la una de la otra.

En Oregón, científicos han señalado la existencia de un vórtice. En el interior del vórtice la luz se inclina. En 1.964 la revista *Pursuit* dedicó un artículo a este tema, en el cual indicaba que existen franjas magnéticas paralelas a la cadena montañosa de la costa de Oregón y a los riscos submarinos de ésta. Realizando pruebas en la zona, Archibald Stain y John W. Kent del Astronautical Phenomenal Research Asociation, constataron temblores de tierra, semejantes a los producidos por un terremoto y una gran pesadez; además, sobre sus cabezas se había formado la imagen de un enorme disco. Como pudieron, salieron del lugar y se refugiaron en un bosque cercano, al cesar los fenómenos, volvieron para comprobar que todos los aparatos se habían achicharrado. Tres días más tarde Stain murió de un infarto y Kent se carbonizó dentro de su coche. El Pentágono, también inició una investigación paralela, en el mismo lugar, señalando las siguientes anomalías: en 50 metros, sobre una superficie completamente circular, cualquier objeto esférico rota hacia el centro; todo lo que se coloca en el centro mantiene su equilibrio, independientemente de su forma o punto de apoyo; el suelo atrae a personas y animales; en medio kilómetro de radio, los relojes se detienen; las brújulas no funcionan, la temperatura corporal aumenta hasta los 40°; Encendedores y fósforos se inflaman y se observan discos voladores con bastante asiduidad.

Los impulsos nerviosos que determinan la frecuencia cardiaca, se originan de forma rítmica en el nodo sinoauricular; los defectos graves en el nodo sinoauricular o en las fibras que transmiten los impulsos al músculo cardiaco pueden provocar desmayos y vértigo, e incluso en ocasiones al muerte. El vértigo, es una sensación subjetiva de giro de objetos y rotación e inestabilidad del cuerpo, a menudo acompañada de náuseas, vómitos, dolor de cabeza y sudoración. Todas estas características concuerdan con lo que les ocurrió a Archibald Stain y John W. Kent, y la causa más probable fuese precisamente la exposición a un campo electromagnético.

La causa inmediata de muerte en muchos infartos de miocardio, haya o no aterosclerosis, es la fibrilación ventricular que consiste en contracciones irregulares e ineficaces producidas por una alteración y que resulta rápidamente mortal si no hay un tratamiento. La resistencia a la corriente eléctrica del cuerpo humano es de aproximadamente 1.500 ohms y si la piel está húmeda (mojada, sudor, etc.), la resistencia se reduce a 500 ohms. Una corriente de 150 voltios, es suficiente para producir una fibrilación ventricular (aparece con 100 mA); pero si además, la piel está por ejemplo sudada, una corriente de 50 voltios puede ser suficiente. Posiblemente, ésta fue la causa del fallecimiento de Archibald Stain.

Si atravesamos a un ser humano con una corriente de alta frecuencia (del orden de 27 millones de ciclos o MHz), induce corrientes eléctricas al interior del organismo (corrientes de Foucault), que producirán calor en profundidad pero sin calentar la piel; si la frecuencia es más elevada (por encima de los 434 MHz), el campo magnético generado (en un klistrón), se puede dirigir obteniendo los mismos efectos. Tal vez eso mismo fue lo que le sucedió a John W. Kent.

Los hechos narrados anteriormente de Bruce Gernon y Jr Carolyn Cascio, junto a las extensiones imposibles de tierras polares parecen indicar una relación espacio-tiempo alterada. Existen algunos testimonios que pueden apuntar hacia esa posibilidad: Uno de los casos más famosos de la historia es el de Anne Moberly, profesora de la Universidad de Oxford, y Eleanor Jourdain, su ayudante. En el verano de 1902 en los jardines de Versalles. Mientras paseaban por el palacio, atravesaron un bosquecillo; llegaron a un claro en el que había un pequeño edificio. Una mujer, que parecía un poco anticuada, sacudía un paño por la ventana. No había turistas por la zona, pero dos hombres con casacas anticuadas de uniforme verde y un tricornio en la cabeza se les acercaron. La señora Jourdain preguntó si podían indicarles el camino al palacio del Petit Trianon. Recibió una respuesta seca, y se fueron en la dirección que les habían indicado. Al poco rato una sensación de soledad les abrumó, en un pabellón circular, vieron a un hombre con la cara marcada por la viruela que los miraba burlonamente. Les entró miedo, parecía que los árboles de detrás del edificio estaban aplanados y sin vida. No había efectos de luz ni sombras y reinaba un silencio tenso. De pronto surgió un señor de aspecto amable con sombrero de ala ancha, que chillando les indicó el camino a seguir para llegar al Petit Trianon. Al llegar allí, una dama vestida con un elegante vestido barroco parecía atemorizada. Poco después alcanzaron un grupo de invitados a una boda, todos vestidos de forma normal y todo volvió a ser como antes. Tiempo después se informaron sobre los edificios que habían visto y descubrieron que en 1902 ya no existían, pero sí en 1780; incluso el hombre con quien se habían cruzado se parecía al conde de Vaudreuil, que vivió entre 1754 y 1793.

Un caso más reciente es el de la locutora de la televisión luxemburguesa Helga Guitton, en 1985 cerca de la ciudad francesa de Josselin, en Bretaña. Había alquilado una casa junto con unos amigos e iba a menudo a la pequeña ciudad. Entre los prados y campos de cereales que había junto a la carretera vio un día una pequeña iglesia encima de un montículo, en torno a ella un par de casitas encaladas. Delante había un pozo con una bomba manual, rodeado de patos y ocas. No vio a ningún habitante del lugar, ni ese día ni los siguientes. Un día decidió llevarse una cámara y fotografiar todo aquello, cuando enfocó, no quedaba nada, ni iglesia, ni casas, ni animales. Aturdida y extrañada, se subió al coche y volvió a

Josselin. Un día mientras estaba de compras, en una tienda de antigüedades de Josselin, le hizo gracia una efigie de la Virgen. El propietario le dijo que muchas piezas eran de un pueblecito abandonado hacía unos 200 años, al ser destruido por un incendio. Entonces se dio cuenta que un cuadro polvoriento le resultaba familiar, al apartar el polvo con los dedos, vio que estaba pintada una aldea: con una iglesia con el gallo de veleta en la torre, casitas encaladas, un pozo, incluso patos y ocas. Todo exactamente igual a lo que ella había visto entre los campos y prados.

La duda que queda, es saber si estos fenómenos son naturales o pertenecen a algún tipo de experimentación. Existe la posibilidad que los "agujeros" mencionados por Archibald Wheeler existieran también en la Tierra y no sólo en el espacio; probablemente dichos agujeros podrían estar situados en los Polos o en el actual Trópico de Cáncer. No en vano, Julius Evola relacionaba a los atlantes con el Polo Norte. ¿Fue éste el autentico motivo de la creación del año astrofísico y del envío de submarinos nucleares al Polo?

A mediados de Noviembre de 1938, mientras la Expedición Antártica Alemana, preparaba el barco Schwabenland, la Deutsche Polarschiffahrtsgesellschaft (Sociedad Alemana de Viajes Navales Polares), invitó a Hamburgo a Richard Byrd, con motivo del visionado especial de su nueva película antártica. De modo que, en colaboración con la Lufthansa alemana, se desarrolló y llevó a cabo la idea de una operación político-militar, no obstante bajo la apariencia de operación civil. El mando de esta empresa recaía en el capitán Alfred Ritscher. En una de las pocas declaraciones de Ritscher a la prensa, dijo lo siguiente: "Es la primera vez que aviones alemanes volaban sobre el Continente Antártico, en condiciones por demás difíciles amerizaron en las heladas costas polares para izar el pabellón indicativo de la soberanía alemana. Los aviones arrojaban cada 25 kilómetros, pilotes con la bandera del Reich, como también se marcaban los puntos extremos de cada vuelo. Se ha descubierto una región de 600.000 kilómetros cuadrados de los cuales, 350.000 han sido fotografiados en tal forma que es posible confeccionar un mapa perfecto de la zona descubierta".

Todo este proyecto culminó en la instalación del territorio de Neuschwabenland, de varias bases permanentes y probablemente, una "fortaleza inexpugnable". No es casualidad que el Almirante Dönitz nombrase a dicha fortaleza Shangri-La, ya que James Hilton, el creador de dicho término en la novela *Lost Horizon* (horizonte perdido), lo asociaba al mítico reino de Shambala.

Sea como fuere, ya sabemos el porqué Richard Byrd en el año 1947 con el rango de almirante dirigiera la mayor operación militar en la Antártida (Operación Salto de Altura). Todo indica que aquella operación, muy probablemente tenía como objetivo la destrucción de la base alemana (conocida como base 211) y la recuperación de toda aquella tecnología. Cuyo emplazamiento debía conocer o intuir perfectamente. Tal vez por ello toda la Antártida fue declarada en el Tratado del Antártico como "territorio hermético" y se firmó un tratado internacional que prohibía las pruebas nucleares hasta el año 2000. Algunos mencionan que Byrd en alguna ocasión pronunció que: "desde la Antártida salen aviones que pueden llegar al otro extremo de la Tierra en instantes" y que "el enemigo está entre nosotros y la Antártida".

El químico Mijaíl Dmitriev, afirma que en la atmósfera se forman bajo la acción de los rayos cósmicos y campos eléctricos, partículas químicamente activas, capaces de concentrarse y pegarse entre sí, creando aglomeraciones esféricas de aerosoles que flotan como globos de distintos diámetros. Son las formaciones físico-químicas (FFQ); la mayoría de textos las denominan "ball lightning" y en castellano se denominan centellas. Los rayos esferoidales se forman en la atmósfera debido a un proceso de conjugación en determinadas masas de aire de elementos como radiaciones solares, rayos cósmicos, campos eléctricos y rayos lineales comunes. En este caldo se forman partículas inestables, pero químicamente activas, que luego bajo determinadas condiciones y circunstancias comienzan a reaccionar entre sí entrando en estado de excitación. La sustancia resultante comienza a calentarse generando así una energía concentrada, la cual es la que se denomina rayo esferoidal. Se ha comprobado que los pararrayos comunes son ineficientes para estos rayos esferoidales, es decir, éstos no reaccionan ante su presencia, no van a tierra. El tamaño de estos rayos puede variar desde diámetros desde una pelota hasta de metro y medio (aunque se han recibido informes de formaciones cilíndricas de más de 100 metros de largo), y con incandescencia oscura u opaca hasta de un naranja brillante (las denominadas FFQ "frías", pueden existir durante largo tiempo sin emanar energía o luz). La temperatura de un rayo de bola puede alcanzar los 10 mil o 15 mil grados Celsius, emitiendo con frecuencia energía de microondas. En la Unión Soviética se registraban diariamente un promedio de 650 rayos esferoidales. Por su parte, la FFQ luminosas, de color blanco intenso o amarillo limón, que surgen independientemente de la actividad tormentosa, se denominan formaciones quimioluminiscentes (FQL). La temperatura de la FQL encendidas llega a miles de grados, e igual que los rayos esferoidales, estas formaciones pueden explotar, incendiando edificios y terrenos. Según afirma Dmitriev, tanto las FQL como los rayos esferoidales pueden dejar escapar cantidades considerables de sustancias tóxicas que contaminan el aire. La presencia de algunos de estos rayos viene acompañada de cierto silbido. Dmitriev a través de la presencia de estos rayos, cree haber encontrado la explicación de varios fenómenos de la naturaleza, tanto en nuestros tiempos como en épocas pasadas, mencionando casos como los de Sodoma y Gomorra, o de Mohenjo-Daro, que han podido ser producto de la explosión de acumulación de rayos esferoidales en la atmósfera. Así, los habitantes de Mohenjo-Daro, no sólo habrían sufrido los efectos de la explosión, sino también el de los gases tóxicos. Los cálculos científicos indican que en el momento de aquella tragedia debieron surgir del aire unos 3 mil relámpagos negros (FFQ frías), con un diámetro de hasta 30 centímetros, junto con más de un millar de formaciones quimioluminiscentes (FQL). Los físicos E.L.Hill, S. Singer, J.D. Barry o Y.H Ohtsuki, mencionan que se han observado desde hace siglos; el físico J J Lowke afirmaba en 1.995 que todavía no se había dado una explicación adecuada. Las explicaciones han sido muy variadas: desde la teoría de los arcos eléctricos de Uman y Helstrom, a las ilusiones ópticas de E. Argle; la radiación electromagnética defendida por P.L. Kapitsa y por V.G. Endean); o la posibilidad de energía nuclear de M.D. Altschuler; la aniquilación de diminutos fragmentos de meteoritos de antimateria de Ashby y Whitehead y la combustión química de E. Fischer. Ninguna de estas teorías puede explicar como atraviesan los cristales de las ventanas o como pueden formarse dentro de casas. Tampoco la teoría del aire caliente luminoso de Lowke y sus colaboradores, puede aceptarse plenamente, ya que únicamente podrían elevarse como globos de aire calientes. Han surgido teorías más recientes, como la de D.J. Turner, la cual involucra complejas reacciones químicas con el vapor de agua o la de J.J Lowke, que propone, en base a soluciones de las ecuaciones del transporte del electrón y del ion, junto con la ecuación de Poisson, que el relámpago de bola es una descarga eléctrica que está variando continuamente en escala de tiempo del microsegundo, sostenida por los campos eléctricos asociados a las cargas de una tormenta de relámpagos. Experimentos en 2004 de A. I. Egorov, S. I. Stepanov y G. D. Shabanov de la Russian Academy of Sciences, parecen verificar la teoría de I.P. Stakhanov que define las centellas como "una gota de plasma hidratada fría con un límite agudo, cuya luminosidad es consecuencia de la recombinación de iones"; no obstante, no pueden explicar de modo satisfactorio el proceso natural que lo forma. Se han hecho varios intentos de producir centellas en el laboratorio: Manwaring logró producir bolas de luz en el seno del aire libre en 1.965 usando una radiofrecuencia de 75 MHz; La esfera de luz duraba aproximadamente medio segundo. Powell, del Brookhaven National Laboratory, usó una fuente de 30 KW con una frecuencia de 75 MHz y produjo esferas luminosas en el interior de un cilindro de vidrio de unos 15 centímetros de diámetro interno; la vida media de la esfera era de 0.5 a 1 segundos. Los laboratorios de investigación de Bendix han logrado crear pequeñas regiones de plasma enfocando microondas en un volumen pequeño; sin embargo, estas bolas de luz no se mueven como las FFQ. La Radio Frequency Company Incorporated de Medfield, Massachussets tiene un programa para la formación de FFQ en el laboratorio; dentro de una caja de aluminio se hacen incidir ondas electromagnéticas a una frecuencia resonante, de este modo, se han obtenido FFQ de unos 35 centímetros de diámetro, que desaparecen cuando se deja de irradiar energía. Experimentos de S. K. Lazarouk, de la Belarussian State University of Information Science and Radio Engineering en 2006; demostraron que la combustión y la explosión de nanoestructuras de silicio hidratado conjuntamente con la formación del plasma hidratado rodeado por flujos de vórtice se pueden manifestar bajo la forma de centella de 0.1-0.8 m autónoma que se mueve con una velocidad hasta 0.5 m/s. El curso de la vida de tales plasmas puede alcanzar 1 segundo.

Charles W Leadbeater y Annie Beasant, en 1919 publicaron *Occult Chemistry* (química oculta). Sus hallazgos sobre la constitución de los diversos átomos diferían totalmente del modelo oficial de Rutheford en ese momento y carecían de sentido para los científicos de su época; hoy gracias al descubrimiento de los Orbitally Rearranged Monoatomic Elements (Elementos Monoatómicos de Orbitales Modificados) u ORMES (también denominados ORMUS), patentados por David Hudson, se comprende que fueron sorprendentemente precisos y se han ajustado a cada nuevo fenómeno descubierto. Sabemos que demuestran la capacidad de convertirse en formas monoatómicas estables, de núcleo elongado, alto espín o giro nuclear y bajo estado de energía, con lo que pierden su reactividad química y su naturaleza metálica y adquieren capacidad de superconductividad a temperatura ambiente. Se presentan como un fino polvo blanco, que no reacciona químicamente; los cambios de temperatura hacen que aumente o disminuya drásticamente su peso y llegue a levitar arrastrando consigo su contenedor. Pueden volverse invisibles y a veces desaparecen en medio de una emisión intensa de luz. Además son superconductores a temperatura ambiente. Esta última característica les confiere propiedades de enorme importancia en muchos campos; sobre todo en la salud, (como tratamiento de enfermedades y aumentando de forma dramática la longevidad), la electrónica, la generación de energía, el transporte etc.

Al parecer, estos elementos eran conocidos en la antigüedad y en Mesopotamia se llamaron Shemana, en Egipto Mofkozt, en Alejandría Piedra del Paraíso, y otras culturas las llamaron el Elixir de la Vida, Polvo Blanco de Oro, Pan de Oro, Maná; y los alquimistas de la Edad Media los llamaron Piedra Filosofal. Existen textos egipcios que mencionan el Mofkozt como el polvo blanco de oro usado en las iniciaciones. Sir Williams Flinders Petrie desenterró un templo en la península del Sinaí, en el monte Serabit, cerca de Serabit El Khadim en 1903. Este lugar correspondía a la tercera dinastía egipcia y estaba lleno de iconografías alquímicas. Se encontró además una gran cantidad de polvo blanco de oro así como de productos de crisol alquímicos. Probablemente, también Moisés utilizó dichos conocimientos ya que en *Éxodo* 32-20 se lee: "Moisés tomó el becerro lo arrojó al fuego y lo hizo polvo. Puso el polvo en agua e hizo a los israelitas bebieran de aquella agua"; en otra traducción se explica "...lavándolo después repetidamente para recoger el polvo fino que resultaba"; dado que sabemos que el oro no se convierte en un fino polvo por el fuego, posiblemente, tal y como se apunta en *El Legado Hermético de la Antigüedad*, los utilizó para evitar la radiación del denominado azote, salido de la "nube de Yhwh", también denominada en *Éxodo* 13:21: "columna de nube (...), y que por la noche, se "convertía" en una columna de fuego para alumbrarles (lo que describe apropiadamente un objeto que al impulsarse provoca un torbellino de arena y que tras oscurecer, permite ver la misma arena iluminada por efecto de la propulsión del objeto).

Al parecer, a tenor de lo relatado, no solamente existía la posibilidad del uso de la fisión del átomo como arma destructiva, ¿conocía tal posibilidad el III Reich?

Hans Christian Ørsted; en 1820 descubrió la relación entre la electricidad y el magnetismo. En 1831, Michael Faraday descubrió la inducción electromagnética. A mediados de 1864, James Clerk Maxwell formuló las ecuaciones que rigen la propagación de las ondas electromagnéticas, sintetizando la electricidad, el magnetismo y la óptica. En 1889 Heinrich Rudolf Hertz sentó las bases de la electrónica cuántica y el fenómeno de la fotoelectricidad. En 1900 Max Karl Ernst Ludwig Planck, constituyó la base teórica del máser y el láser gracias a la teoría cuántica. En 1913 Niels Henrika David Böhr, descubrió la emisión fotónica del desplazamiento del electrón; previamente en 1905, Albert Einstein había anunciado la teoría fotónica (cuantos de luz llamados fotones) y posteriormente en 1917, Einstein definió el principio de emisión estimulada, admitiendo la existencia de radiación inducida.

La investigación básica en la resonancia magnética se inició en las décadas de 1930 y 1940, y comprendió investigaciones fundamentales de físicos sobre la interacción del núcleo atómico con campos magnéticos, el campo magnético de una resonancia magnética es 30.000 veces más fuerte que el campo magnético de la Tierra. Un tesla equivale a 10.000 gauss y actualmente en laboratorio se pueden obtener campos magnéticos del orden de los 100 teslas. El gas está formado por un conjunto eléctricamente neutro de núcleos con carga positiva y electrones libres con carga negativa; este estado de la materia se denomina plasma. Los electrones libres de un metal también pueden ser considerados como un plasma. Los materiales ordinarios no pueden contener un plasma lo suficientemente caliente para que se produzca una fusión. El plasma se enfriaría muy rápidamente, y las paredes del recipiente se destruirían por las altas temperaturas. Sin embargo, como el plasma está formado por núcleos y electrones cargados, cuando se mueven en espiral alrededor de líneas de campo magnético intensas, el plasma puede contenerse en una zona de campo magnético de la forma apropiada. En un tokamak, unos enormes imanes confinan plasma de hidrógeno a temperatura y presiones muy elevadas (a temperaturas superiores a los 100.000 °C, todos los átomos de hidrógeno están ionizados), lo que obliga a los núcleos de hidrógeno a fusionarse liberando una extraordinaria cantidad de energía.

El físico Henry Boot y el biofísico John T. Randall inventaron en 1939, un tubo de electrones denominado magnetrón de cavidad resonante. Este tipo de tubo es capaz de generar impulsos de radio de alta frecuencia con mucha energía, lo que permitió el desarrollo del radar de microondas.

En 1933, los alemanes Karl W. Meissner y R. Ochsenfeld detectaron un acusado diamagnetismo en un superconductor, En 1957, los físicos John Bardeen, Leon N. Cooper y John R. Schrieffer propusieron una teoría que ahora se conoce como teoría BCS (las iniciales de sus apellidos), que describe la superconductividad como un fenómeno cuántico, en el que los electrones de conducción se desplazan en pares, que no muestran resistencia eléctrica.

Kamerlingh Onnes en 1908 licuó el helio (el gas más difícil de licuar). Posteriormente, Piotr Leonídovich Kapitsa, logró producir helio e hidrógeno líquidos y también investigó los efectos de las bajas temperaturas y los campos magnéticos intensos sobre los metales.

Desde 1950 se han llevado a cabo numerosos proyectos para la confinación magnética de plasma en Estados Unidos, en la antigua Unión Soviética, en Gran Bretaña, en Japón y en otros países. La intensidad de este campo es unas 100.000 veces mayor que la del campo magnético de la Tierra en la superficie del planeta. Las bobinas que rodean la cámara inducen en el plasma una corriente longitudinal de varios millones de amperios. Las líneas de campo magnético resultantes son espirales dentro de la cámara, que confinan el plasma.

Si aplicamos un imán a un superconductor, induce una corriente eléctrica, que a su vez crea un campo magnético opuesto al del imán. Como el superconductor no tiene resistencia eléctrica, la corriente inducida sigue fluyendo y mantiene el imán suspendido indefinidamente, lo que podría elevar en el aire (y mantenerla), a una estructura pesada, como un tren (de hecho, en Alemania un tren maglev alcanzó la velocidad de 435 Km/h, mientras que en Japón se han alcanzado velocidades de 517 Km/h en trenes maglev completos). La evaporación de helio líquido a presión reducida produce temperaturas de hasta 0,7 K (-272,45 °C). Mediante la desmagnetización adiabática se logra que la temperatura baje hasta niveles de sólo 0,002 K. Del mismo modo, el alineamiento de los espines nucleares seguido de la desconexión del campo magnético ha producido temperaturas cercanas a 0,00001 K. Desde 1.986, se han descubierto materiales que se convierten en superconductores a temperaturas un poco más elevadas (-238 grados centígrados).

V.M. Brodianski, menciona en su libro *Móvil Perpetuo Antes y Ahora* que el primer registro que tenemos de esta idea data de 1269 y pertenece a un tal Pedro Piligrim de Mericour; desde entonces han sido numerosísimos los intentos de crear energía mecánica a partir de la magnética: el móvil Magnético de Tesnerius (1570), el de Kircher (1640), el móvil perpetuo de Wilkins (1649), el Wesley Gary Magnet Motor (1880), la Ed Leedskalnin magnetic wheel (1920), el Bowman Permanent Magnet Motor (1954), el Vyacheslav Strushchenko magnet motor (1975) y el Howard Johnson Magnetic Motor (1979), etc. En el año 2001, José Alberto Zapata, buscó la patente de un Motor Magnético el cual creía que "tiene un amplio futuro, porque es la forma de encauzar las fuerzas magnéticas que existen en la Tierra". El boletín n° 345 del Instituto Nacional de la Propiedad Industrial (INPI) del 8 de Marzo de 2006 publicó una solicitud de patente para un "Generador de Movimiento Continuo mediante imanes permanentes" reclamada por Walter Torbay. Según palabras de su inventor publicadas en septiembre del 2004 por la agencia DyN: "El dispositivo consistente en un generador de movimiento permanente mediante imanes, utiliza como única fuente de energía la provista por los imanes que lo componen, mediante el aprovechamiento de la propiedad magnética de rechazo de polos iguales, la desviación de las líneas de fuerza magnética y un complejo sistema mecánico capaz de controlar la aceleración, la velocidad, el sentido y la potencia". Actualmente no se da ninguna credibilidad a estos inventos (ya que no se ajustan a leyes físicas), tal es así que Erik Krieg de la Philadelphia Association of Critical Thinking ofrece desde 1996 un premio de 10.000 dólares USA (más gastos de viaje) y promoción del invento en la comunidad científica, a cualquier inventor de un ingenio de estas características que pase la prueba de demostración de funcionamiento en condiciones controladas y hasta la fecha, nadie lo ha logrado. No obstante, Torbay afirma que pese a que su invento no es perpetuo (lo cual sería imposible), puede ser útil durante 5.000 años para producir energía mecánica. Brodianski nos recuerda que hasta la fecha, la única máquina que puede considerarse parecida fue expuesta por la redacción de la revista *New Scientist*, en el congreso de 1981 de la Asociación Británica de Ayuda al Desarrollo de la Ciencia. El inventor de esta máquina, el químico de Newcastle David Johns a las preguntas de los corresponsales respondió: "Lo único que distingue mi máquina de otros móviles perpetuos es el hecho de que en ella se ha escondido la fuente de energía. Yo he utilizado los principios conocidos por todos, pero de una manera, que hasta ahora a nadie le vino a la cabeza y que ninguna persona razonable podía soñar". El inventor se negó categóricamente a dar más explicaciones y la fuente de energía continúa siendo un secreto no descifrado.

El investigador Eduard Snedcker, señaló la existencia de zonas de la atmósfera en forma cilíndrica, donde el aire se comportaba de forma extraña al estar influenciado por alteraciones magnéticas; afirmaba que dichos "tubos gigantescos" podrían destruir aviones y barcos, succionándolos e incluso, desintegrándolos. Sin embargo ni Snedcker, ni sus seguidores podrían explicar satisfactoriamente, el porqué estos túneles eran itinerantes; ¡a no ser que se tratase de túneles creados de forma artificial!

Parece demostrado desde los años 40, ya se poseía una poderosa fuente de electromagnetismo y los conocimientos para utilizarla; esta fuente, evidentemente, no se pensó para fines médicos únicamente...

Brocken (también llamada Blecksberg) es una montaña de Alemania central, y el pico más alto de los montes Harz. Tiene una elevación de 1142 m y es célebre por el fenómeno llamado el espectro del Brocken, una ilusión óptica por la cual bajo ciertas condiciones atmosféricas una enorme sombra se proyecta en la niebla de la montaña. En 1938 el III Reich realizó un experimento con transmisores de alta energía, cuando empezaron a funcionar, el motor de los vehículos que circulaban cerca de la montaña fallaban de repente y se paralizaban. También, sobre 1944, algunos testigos mencionan que en una instalación debajo del área militar de Ohrdruf se creó un campo electromagnético capaz de parar los motores de un avión convencional en un radio de 11 Km. Durante la guerra, los aliados nunca fotografiaron Ohrdruf desde el aire, ni lo bombardearon, aún cuando sus espías sabían que existía una basa militar secreta llena de científicos. En un documento de 1945 de la inteligencia de la fuerza aérea de EEUU se menciona que un campo electromagnético alemán interfirió con su avión en una altitud de hasta 11 Km.
Probablemente, jamás sabremos hasta que punto el III Reich desarrolló las investigaciones sobre armas electromagnéticas debido a que la mayoría de los documentos sobre ellas (y sobre armas nucleares, etc.), fueron destruidos por los propios comandos SS tras su rendición en la isla ártica de Spitzbergen (y lo que quedó, se lo llevaron rápidamente los EEUU). No se

sabe cuales eran sus técnicas o sus objetivos, pero parece ser que pretendían cambiar y alterar el clima de extensas zonas del planeta, con grandes emisores electromagnéticos que apuntaban a las capas altas de la atmósfera.

La marina de EEUU inició un proyecto llamado Magneto, mediante el cual pretendía demostrar disturbios en la fuerza gravitacional debido a accidentes atmosféricos (se afirma que el proyecto pretendía dar una explicación a los fenómenos ocurridos en el Triángulo de las Bermudas). En el año 1943 los científicos estadounidenses iniciaron el experimento Filadelfia, dirigido por el doctor Franklin Reno. Donde, intentando hacer invisible al barco Eldridge ante el radar, aplicaron los conocimientos derivados de la teoría de Einstein sobre el campo unificado, sumergiendo, de este modo, el navío en un campo de fuerza, haciéndose visible una niebla verdosa fosforescente. Las consecuencias fueron terribles, los miembros de la tripulación enloquecieron o perecieron, victimas de episodios incontrolables de invisibilidad, o teletransporte. Al parecer en 1956 se repitió el experimento y nunca más se ha vuelto a intentar.

Los experimentos en el monte Brocken y similares, concuerdan con los sucesos que describen algunos testigos del fenómeno OVNI ¿Son este tipo de experimentos lo que produce las anomalías que ocasionalmente se denominan OVNIS?

Luis Alfonso Gámez, menciona que los ufólogos (persona que se dedica al estudio de los objetos voladores no identificados) estiman que sólo el 2% de los casos relacionados son auténticos (existen 4 millones en total) ya que la inmensa mayoría de las observaciones tiene su origen en percepciones erróneas de cuerpos astronómicos, de fenómenos atmosféricos, de aviones y helicópteros..., cuando no en meras fabulaciones y fraudes. Así por ejemplo, menciona el suceso ocurrido en España, donde efectivos de la Policía autónoma vasca, de la Asociación de Ayuda en Carretera, de la Cruz Roja y de varias guardias urbanas; en la madrugada del 11 de julio de 1985, siguieron (en caravana) al planeta Júpiter por las carreteras guipuzcoanas durante cinco horas. A pesar de que el planeta fue identificado como tal por un astrónomo que presenció los hechos, los testigos creyeron firmemente que lo que perseguían era un objeto "tripulado o, por lo menos, extraño a lo que conocemos en la Tierra".

Sin embargo, otros relatos, perecen tener una explicación muy diferente. Algunos de los casos más conocidos son los siguientes:

El 3 de marzo de 1876, numerosos periodistas norteamericanos se desplazaron a BathCountry, en Kentucky, para presenciar un acontecimiento sin parangón: pedazos de una sustancia que recordaba a la carne de vaca cayeron del cielo sobre Olympian Springs. Ningún químico pudo averiguar de qué sustancia se trataba.

Kenneth Arnold, vendedor de equipos de extinción de incendios y piloto, el día 24 de junio de 1.947, mientras volaba a 2800 metros sobre las Cascade Mountains, en el estado de Washington, una luz blanquiazul atravesó su cabina y una formación de nueve objetos deslumbrantes pasó como un rayo por encima de las cumbres. Arnold lo describió del siguiente modo: "Volaban como platillos que se lanzan para que reboten sobre la superficie del agua" (desde entonces a estos objetos se les conoce como "platillos volantes"). El resumen del informe remitido a finales de 1947 al Pentágono dice "El fenómeno observado es real y no una visión o una ficción".

Brad Steiger, en su obra *Project Blue Book* (el libro proyecto azul), menciona que Arnold estaba convencido de que se trataba de algún tipo de avión (soviético), aunque en muchos aspectos no se ajustaban a los tipos convencionales que conocía. Algunos autores creen que lo que vio fue el prototipo del Boeing XB-39 Superfortress, que se estaba probando en la zona, pero este prototipo (que nunca se comercializó por falta de pedidos), tuvo problemas con sus motores (inicialmente el Wright R-3350, y posteriormente modificado por la General Motors a petición del ejército, transformándose en el Yb-29 con un motor Allison V-3420-17), pese a ello, su velocidad máxima era de 648 km/h. Arnold volaba en un avión Call Aircraft Company (Callair) fabricado en Afton (Wyoming); probablemente el modelo A-3, de los cuales únicamente se fabricaron unos 20 y eran capaces de una velocidad máxima de

173 km/h, o de 240 km/h en caso de ser el A-2. Por lo que tampoco parece que pudiese equivocarse, tal y como afirman, en calificar la velocidad como "demasiado elevada para ser un avión convencional" ya que el piloto militar Charles (Chuck) Yeager lograba, en octubre de ese año, superar la mítica barrera de Mach 1 (más de 1.200 km/h) con el avión experimental (y secreto), el Bell XS-1.

El 2 de julio de 1947 unos testigos oculares vieron en el cielo un objeto brillante en forma de disco cerca de Roswell (Nuevo México, EEUU). Al día siguiente William Mac Brazel encontró en su campo restos metálicos y llevó una pieza al sheriff. Cinco días después, el ejército clausuró el lugar del hallazgo y sus alrededores, el teniente Walter Haut emitió por orden del coronel William Blanchard una declaración pública "Hemos capturado un platillo volante. Ha sido trasladado por el comandante Marcel a Fort Worth, Texas". El general Roger Ramey de Fort Worth desmintió la noticia y afirmó que se trataba de un globo meteorológico. En 1993 la fuerza aérea estadounidense, declaró que las piezas eran del proyecto secreto MOGUL, destinado a investigar las pruebas nucleares de la Unión Soviética, pero la Air Force se enmarañó en contradicciones y tuvo que dar una segunda explicación sobre los pequeños seres, diciendo que se trataba de muñecos de prueba (pero hasta pasado el año 1950 no existían estos muñecos). Finalmente el general jubilado Arthur E. Exon confirmó haber hallado restos de un aparato y de seres extraterrestres.

En agosto de 1967, dos niños de 13 y 9 años llamados François y Anne Marie Delpeuch, se hallaban cuidando una docena de vacas, cercanas a la carretera comarcal nº 57, en la meseta de

Cussac (Francia), a unos 1.000 metros de altitud. A las 10:30 François intentando evitar que las vacas saltasen una valla, observó a unos seres pequeños vestidos de negro, junto a una esfera de luz brillante, cuando los 4 seres descubrieron al niño, se elevaron por los aires e introdujeron la cabeza por encima de la parte superior de la esfera, los dos últimos se demoraron más ya que estaban tumbados en el suelo, e incluso el último volvió a recoger algo brillante que se había dejado y alcanzó la nave a unos 15 metros del suelo; tras esto, la esfera describió una serie de círculos, al tiempo que ganaba luminosidad y emitía un suave silbido, cuando cesó el ruido el aparato se perdió en dirección noroeste, dejando un olor a azufre. Publicó la noticia el nº 16 de la revista *Phénomènes Spatiaux*, la *FSR* de Londres en su edición de septiembre-octubre de 1968 y la revista *LDLN* de Francia en su nº 90.

J.J. Benítez, menciona que en 1935 se produjo un hecho muy similar en Aznalcázar, Sevilla protagonizado por Manuel Mora Ramos, que vio como estos pequeños seres, desde el suelo, realizaban algunas tareas en la base de la esfera. Este incidente coincidió con una plaga de langostas que afectó a 11 provincias españolas.

En *Geheime Botshaften* (mensajes secretos), de Peter Fiebag, Rainer Holbe y el Dr Elmar Gruber, se mencionan los siguientes casos:

El 3 de febrero de 1989, hacia la 19:00, en la pantalla del radar del aeropuerto de Ankara (Turquía), aparecieron unos objetos inexplicables. Los controladores, con prismáticos, observaron 3 objetos inmóviles en el aire, mientras que otro iba disparado en dirección a la pista de aterrizaje. Dos aviones que se aproximaban tuvieron que desviarse. El 1er ministro turco,

Turgut Özal, fue informado y poco después llegó al aeropuerto el ministro de defensa, Mustafá Özatamer, junto con mandos militares. Despegaron F-16 (aviones de combate) para interceptarlos, pero se esfumaron antes que les dieran alcance. Aparecieron de nuevo y el Estado Mayor ordenó su persecución por tres cazas. A las 22:03 se avistó otra formación de 10 objetos que salieron disparados al cielo, siendo insuperables en velocidad.

Desde el 29 de Noviembre de 1989 hasta Abril de 1990, cientos de belgas vieron por las noches, gigantescos triángulos voladores realizando maniobras aeronáuticas a gran velocidad y en silencio. El Ministerio de Defensa alertó al ejercito y procedió a examinar registros de radar, informes de pilotos de cazas interceptores, atestados policiales y filmaciones de vídeo. El portavoz de la fuerza aérea belga (teniente Wilfried de Brouwer) constató que "estos objetos voladores se salen totalmente fuera de lo común". Sin embargo, Javier Armentia, director del Planetario de Pamplona, menciona que dichos fenómenos fueron originados por pruebas de un avión americano experimental, siendo otros producidos fraudulentamente desde ultraligeros con luces.

En *Mysterien des Westens* (misterios de Occidente) de Peter Fiebag, Rainer Holbe y el Dr Elmar Gruber, se añade el suceso ocurrido el 17 de noviembre de 1986, cuando un aparato japonés (Boeing 747 de Japan Airlines) despegó de París rumbo a Tokio por la ruta de Alaska. El capitán era Kenu Terauchi (19 años de experiencia). A las 4:25 horas (hora local de Alaska) se encontraron con dos naves pequeñas y una gigantesca (del tamaño de un portaaviones). El suceso duró 50 minutos, pero la tripulación no se sintió amenazada en ningún momento. Las grabaciones de la tripulación con los controladores aéreos civiles y militares de Anchorage (Alaska), junto a las imágenes de radar y el libro de a bordo del piloto son pruebas fehacientes.

A raíz de lo expuesto, muy posiblemente, un gran número de "avistamientos" y otros "contactos", guarden relación directa con maniobras militares secretas. Uno de los casos más famosos ocurrió el 7 de enero de 1948, el capitán Thomas F. Mantell sufrió un accidente de aviación cuando creía perseguir un platillo volante sobre la base aérea de Godman, en Kentucky. El piloto militar, que mandaba una escuadrilla de P-51, perdió el conocimiento tras sufrir una falta de oxígeno en la sangre al sobrepasar su avión los 6000 metros de altitud. El caza se estrelló. Mantell pasó a la historia como el primer mártir de la ufología. La descripción facilitada por los testigos que habían observado el extraño objeto desde tierra y aire se correspondía con la de "un helado de cucurucho con la parte superior de color rojo". El programa Skyhook era secreto en los años 40, pero actualmente se sabe que murió persiguiendo un Skyhook, un globo de grandes dimensiones utilizado para estudiar los rayos cósmicos y visible a más de 20 kilómetros. Aquella semana se habían lanzado varios globos desde la base aérea de Clinton, situada al sur de Ohio, y los vientos reinantes habían llevado alguno hasta las proximidades de la base de Godman.

Martin S. Kottmeyer, descubridor del (más que probable) origen cultural del estereotipo clásico del alienígena y autor de numerosos artículos sobre la paranoia y la ufología, iniciados con *Cyberbiological Studies of the Imaginal Component in the Ufo Contact Experience* (estudios de ciber-biología del componente imaginal de los contactos OVNI) y recopilados en *The Encyclopedia of Extraterrestrial Encounters* (enciclopedia de los encuentros extraterrestres) advierte que no hay ninguna evidencia que requiera una explicación de otro mundo en los encuentros OVNIS.

Numerosos autores han relacionado las centellas con OVNIS (M. L. Shapiro, Kyaw Tha Paw-U, R. W. Mankin, Philip S. Callahan y R. W. Mankin, C. Benedicks, Philip J. Klass, Luís Ruiz Noguez, Makarov, Jacques Bergier, M. D. Altschuler, James M. Campbell y William J. Coghlin).

El escritor Freder van Holk cree que los OVNIS son puntos de impacto de haces de onda emitidos para dirigir las centellas y que se reflejarían sobre las capas ionizadas de la atmósfera. Esto explicaría sus movimientos extremadamente rápidos y silenciosos. Su luminosidad sería debida a la ionización de los gases enrarecidos del aire por ondas cortas.

McCampbell sostiene que "considerando las similitudes entre las centellas y los OVNIS, no es sorprendente que puedan ser confundidos con un mismo fenómeno y así entren en el campo de la literatura OVNI".

Según Makarov la mayoría de los OVNIS observados son el resultado de las centellas y sus efectos.

El químico M. Dmitriev, asegura que la temperatura de las centellas llega a miles de grados y pueden explotar, incendiando edificios y terrenos. Según pueden dejar escapar cantidades considerables de sustancias tóxicas que contaminan el aire. El caso más antiguo que se conoce de una muerte debida a una centella es la del doctor George William Richman en 1752. Varios autores (M. Stenhoff, R. Owen, M. Babick, G. M. Minchin, Edward L. Hill, H. Israel, G. Lindemann, W. G.

McMillan, J. Carruthers y B. D. P. Foster, A. E. Covington y Camilo Flammarion), han estudiado daños a objetos diversos. I. G. Ocholko, M. Wosskowy, Kogan-Belestkii y Winchester, atestiguan casos de aviones que han colisionado con centellas. A. E. M. Geddes y D. H. McIntosh han estudiado agujeros en ventanas producidos por centellas, y Roberto López estudió los incendios producidos por las mismas.

A. J. F. Blair, basado en un relato de 1811 en el que se informa que el sacristán de una iglesia no pudo tañer las campanas debido a la presencia de unas centellas, calcula que las centellas debieron haber producido un campo magnético de, al menos, 150 G (calculado sin tener en cuenta la distribución de las corrientes parásitas, y estimando una resistencia incorrecta) para así impedir todo movimiento de las campanas.

¿Son las centellas producto de la experimentación o se producen por causas naturales? ¿Pueden los ORMES producir centellas? Stanley Singer y D. J. Ritchie consideran a las centellas como armas secretas de los soviéticos; posiblemente basándose en los datos de Camilo Flammarion, el cual asegura que: "Pese a ocasionar algunos desperfectos, las centellas han transportado, sin daño, objetos frágiles como espejos; vaciado tinteros; desnudado personas; y en una ocasión, quemado el vello púbico a una muchacha, sin causarle ningún otro daño. Sin embargo, esto no explicaría los sucesos de 1.811 ó de 1.752, antes mencionados. Aunque, es curioso que la mayoría de estudios sobre estos fenómenos sean de antiguos ciudadanos de la Unión Soviética; quizás la razón hubiese que buscarla en la captura de científicos del III Reich. José María Lesta, menciona que más de 3 millones de patentes industriales, médicas y tecnológicas alemanas, fueron incautadas o robadas como botín de guerra por los aliados. Sobre esas patentes se ha construido, nos guste o no, el desarrollo tecnológico de los últimos 60 años. En base al Acta Americana de Libertad de Información (FOIA), todo documento secreto debe ser hecho público antes de transcurrir treinta años desde su clasificación. Pero por alguna razón desconocida, esa ley no se aplica a los documentos incautados a los nazis. El 16 de Febrero de 1999, el Departamento de Defensa americano declaraba en una carta publica, en su sección 13-A2, que la desclasificación de todos esos documentos "...sería causa de un grave daño a la seguridad nacional".

Armando Galant expone que el 14 de diciembre de 1944 el periódico *The New York Times* mencionaba que: "Una nueva arma alemana que ha aparecido en el frente occidental alemán. Hoy nos informan sobre ello nuestros pilotos de la USAF, afirmando que en los cielos de Alemania han aparecido unas 'bolas de plata' voladoras, que se han visto aisladas o en formaciones. Algunas parecían ser prácticamente transparentes".

El 13 de diciembre de 1944 el *South Wales Argus* publicaba un artículo en el que se decía: "Los alemanes han fabricado un arma secreta coincidiendo con la estación navideña. El nuevo ingenio, que al parecer es un arma defensiva aérea, se parece a las bolas de cristal que adornan los árboles navideños. Se las ha visto suspendidas en el aire por territorio alemán, a veces solas, y otras en grupo; son de color plateado y parecen transparentes"

El 2 de enero de 1945, el *Herald Tribune* de New York mencionaba: "Parece que los nazis han proyectado una novedad en el cielo nocturno de Alemania. Se trata de los misteriosos y extraños globos foo-fighters que corren por las alas de los aparatos Beaufighters que sobrevuelan secretamente Alemania. Hace más de un mes que los pilotos, en sus vuelos nocturnos, se encuentran con esas armas fantásticas que, al parecer, nadie conoce. Los globos de fuego aparecen repentinamente, acompañan a los aviones durante kilómetros y, según revelan los informes oficiales, parecen estar controlados por radio desde el suelo".

¿Contaba el III Reich con esa tecnología?

Si recordamos el relato del juez L.A. Burn, antes del inicio de la aviación, él encontró a unos individuos pilotando un objeto volador con "aspecto de japonés". Louis Pauwels y Jacques Bergier en su obra *Le Matin des Magiciens*, mencionan que existe un rumor que asegura que en Berlín, cuando entraron los rusos, encontraron a mil hombres uniformados con traje alemán, sin documentación ni distintivos, de "aspecto himalayo". David Barclay establece una relación entre ambas descripciones y lo vincula a la misteriosa Agartha.

Por lo tanto, es posible que dicha tecnología, o parte de ella, fuese utilizada por el III Reich.

En *Geheime Wunderwaffen* (armas prodigiosas secretas) de D. H. Haarmann y también en *Deutsche Flugscheiben und U-Boote überwachen die Weltmeere* (platillos y submarinos alemanes vigilan los mares del mundo) de O. Bergmann, se menciona el proyecto del ingeniero Víctor Schönberger, denominado Haunebu.

Dicho proyecto tenía la intención de crear objetos voladores de forma circular impulsados por magnetismo (exactamente los mismos que describió el escritor J. Swift 200 años antes y que "casualmente", coinciden con los primeros bocetos sobre avistamientos OVNI). Como resultado, en 1934 creó la primera nave circular experimental con energía antigravitatoria, el RFZ1. Se afirma que en 1944 fueron fabricados en serie los elementos antigravitacionales, tanto en fábricas de la empresa AEG, como en la de Siemens.

Otro proyecto, procede de los expertos alemanes Schriever, Habermohl y Miethe, y del italiano Bellonzo. Consistía en un planeador que giraba en torno a una cabina de pilotaje fija en forma de cúpula y permitían el despegue horizontal. El 14 de febrero de 1945 este "disco volante" o "peonza voladora" alcanzó en tres minutos una altitud de 12.400 m., y una velocidad de 2.000 km/h.

Renato Vesco en *Interceptarlos sin Disparar*, afirma que los OVNIS son proyectos secretos terrestres; y el escritor (perteneciente a la "generación literaria" de 1938) y diplomático Miguel Serrano Fernández (definido como "uno de los exponentes clave en el nacimiento del hitlerismo esotérico"), en *Los OVNIS de Hitler contra el Nuevo Orden Mundial*, afirma que el III Reich "posee bases fuera del espacio terrestre."

La pregunta que surge es: ¿si poseían toda esa tecnología, por qué perdieron la guerra?

Probablemente, nunca tendremos la respuesta a esa pregunta, pero, si tenemos en cuenta que dicha tecnología, en realidad, no era originaria del III Reich sino muy anterior, podíamos creer que surgió una "reacción" en contra que cambió el rumbo de la guerra. Tal vez proporcionando la misma tecnología a los aliados (en realidad sólo a rusos y americanos). Prueba de ello lo encontramos en detalles como el cuadro de *La Glorificación de la Eucaristía* (realizado por Buenaventura Salimbeni, entre 1598 y 1614), expuesto en una iglesia de Montalcino (Italia), donde se ve (incomprensiblemente) como dos figuras masculinas (que simbolizan a Jesús y Yhwh), están tocando un objeto que asemeja increíblemente a un Sputnik (incluso posee las antenas y una especie de objetivo en la parte inferior izquierda), ¿podemos realmente creer que fue un invento soviético?

Ángel Alcázar de Velasco, uno de los espías del servicio secreto alemán en España durante la II Guerra Mundial, asegura que: "Los platillos volantes…Los diseñaron nuestros ingenieros, y después los americanos y los rusos se repartieron esos planos". Pero, ¿y si en vez de repartirse los planos de los nazis hubiesen tenido acceso a los "planos originales"?; esto representaría que la civilización perdida (¿Agartha?) hubiese "traicionado a Hitler".

Sabemos que el 20 de julio de 1944, se intentó un atentado contra Hitler por parte del coronel del Estado Mayor Claus von Stauffenberg, del cual Hitler salió con vida. La diferencia con otros atentados es que en éste no salió ileso (tuvo leves magulladuras en el brazo y la cara, y heridas algo más profundas en la pierna), además y esto es significativamente lo más importante, ninguna "voz interior" le advirtió del suceso (se salvo de casualidad, debido a que uno de los asistentes apartó lo suficiente el maletín que portaba la bomba).

Esto rebela que ya no estaba siendo protegido, y que sus "ángeles guardianes", le habían traicionado. Precisamente algo así parece entenderse en las palabras de Hitler cuando gritó: "Yo sé que la guerra está perdida, que la supremacía del enemigo es demasiado grande, me han traicionado", y que "Después del 20 de julio, ocurrió lo que consideraba imposible." Gritos que según Gerald Simons en *Victory in Europe* (victoria en Europa): "Trasponían la pesada puerta de acero y eran escuchados por quienes se encontraban en la antesala. Estalló violentamente de una forma que nunca antes habían visto los presentes."

En 1946, se presentó en las Naciones Unidas el plan norteamericano, que consistía en una liberación gradual de los secretos, fábricas y bombas nucleares, a cambio de un control e inspección internacional. Este control no fue bien recibido por la antigua Unión Soviética, cuyo representante, Andrei Gromiko, presentó una contrapropuesta en la que se prohibía la construcción de armas atómicas y se exigía la eliminación de las existentes a corto plazo. Después de varios años de negociaciones, este primer plan de no proliferación nuclear fue un fracaso. En junio de 1947, nacía el Plan Marshall como una iniciativa de ayuda económica dentro de la política estadounidense de contención del control soviético, al que se vieron sometidos los Estados de Europa Central y Oriental, detrás de lo que se denominó "telón de acero". Este plan fue el disparador histórico de la Guerra Fría en la que se sucedieron una serie de enfrentamientos entre estas dos superpotencias. Años más tarde, los Estados Unidos construyeron varios reactores de plutonio, y en 1953, entró en funcionamiento el prototipo en tierra del reactor del Nautilus, el primer submarino nuclear. Estos hechos acentuaron la tensa situación provocada por la explosión de la Bomba H soviética. Después de los esquemas preliminares de 1951, la bomba estuvo lista a principios de 1952, en noviembre de ese mismo año, se ensayó pulverizando la Isla de Elugelab, en el Océano Pacífico. Su potencia resultó ser 700 veces superior a la de la bomba atómica de Hiroshima. El 8 de diciembre de 1953, los Estados Unidos se dirigieron a las Naciones Unidas para denunciar el equilibrio de terror en que vivía la población mundial, advirtiendo que si Norteamérica era atacada con armas nucleares, la respuesta sería destruir al agresor de forma inmediata. Con la intención de suavizar esta situación, se organizaron una serie de conferencias internacionales de carácter técnico sobre los usos pacíficos de la energía nuclear. En esta ocasión, las conversaciones entre los países desarrollados con un importante potencial atómico fueron un completo éxito. Aprovechando la nueva situación, el presidente norteamericano Eisenhower expuso entonces en las Naciones Unidas su programa de cooperación internacional *Atoms for Peace* (átomos para la paz) A partir de dicho programa, se liberaron una serie de conocimientos científicos y tecnológicos que permitirían la posterior explotación comercial de la energía nuclear. El discurso de 1953, proponía un acuerdo entre las grandes potencias para detener y reducir la fabricación de armamento nuclear y dar a conocer a toda la humanidad los conocimientos y medios materiales, especialmente los combustibles nucleares, para su uso con fines pacíficos.

En la guerra fría se fabricaron 15000 bombas nucleares y 9000 misiles intercontinentales, pero de repente, se empezó una rápida carrera espacial, abandonando la fabricación de armas.

Ya mucho antes, Werner von Braun, tras matar a miles de londinenses con sus misiles declaró que: "A fin de cuentas, me importa un bledo la victoria de Alemania, ¡lo que quiero es la conquista de la Luna!". ¿Cuál era el motivo?

En octubre de 1958, astrónomos americanos, soviéticos y británicos detectaron un objeto aproximándose a la Luna a una velocidad superior a 40000 kilómetros por hora, además emitía señales de radio que no se pudieron interpretar.

Según el escritor J.J. Benítez, estos incidentes precipitaron la carrera espacial y el desarrollo de ciertos proyectos para la carrera espacial, como el proyecto Horizon, para la instalación de bases en la Luna (tal vez se pensase que dichos objetos formaban parte del arsenal nazi y que por tanto, no toda la tecnología estaba en sus manos, pese a la exhaustiva misión antártica). Días después del incidente de octubre, según Benítez, se produjo una reunión secreta celebrada en Ginebra a la que acudieron soviéticos, franceses, ingleses y americanos. En dicha reunión se estudiaron estrategias en común para desarrollar conjuntamente los proyectos espaciales. Al parecer, fue Kennedy el que propuso programas conjuntos, como el alunizaje de astronautas soviéticos y estadounidenses, pero el líder soviético Khrushchev no quería los gastos de un proyecto así y percibiendo un intento de robar la tecnología espacial superior de la URSS (que sería el país que más información hubiese conseguido, o robado, según como se mire), rechazó estas ideas. Tras la reunión, los soviéticos no quisieron trabajar conjuntamente y lanzaron en solitario el Sputnik 1.

Actualmente sabemos, que el entonces administrador de la NASA, James Webb, identificó en 1969 seis categorías de vehículos espaciales rusos; la sexta (G), se trataba de un vehículo (de grandes dimensiones) utilizado para llevar tripulación e instrumentos hasta la Luna. Otro dato curioso es que, cuando el módulo de mando de la misión *Apolo* 17 sobrevolaba el cráter Orientalis, el piloto Al Worden afirmó haber visto un objeto de manufactura humana, de luces pulsantes, en el fondo del cráter. El control en Houston formuló la pregunta: "¿Acaso creen que se podrá tratar de

Vostok?". Durante su siguiente órbita lunar, Worden pudo observar el aparato nuevamente. Lo que realmente plantea la duda de no sólo si los rusos llegaron a la Luna (posiblemente incluso antes que los EEUU, ya que llevaban 10 años de adelanto), sino si esto se llevó en secreto y no querían que se divulgase (y por ello iniciaron, en solitario el Sputnik 1); siendo tal vez éste era el auténtico proyecto de Khrushchev; mientras que el de Kennedy, tal vez, fuese el de divulgarlo.

Sea como fuere, tras la reunión en Ginebra, los servicios de inteligencia americanos, crearon un informe que eximiese en caso de encubrimiento a los científicos de la NASA, para evitar fugas de información y eximirla jurídica y moralmente.

Este informe, se denominó el *Informe Brokkings*, impreso en abril de 1961 y presentado en la cámara de representantes; en él, se considera como real la posibilidad de vida extraterrestre y se aconseja oficialmente a NASA que no divulgue los hallazgos que encuentre en la carrera espacial. El informe fue redactado por científicos, economistas y sociólogos.

 En la página 215 de este informe, menciona que "las implicaciones de descubrir vida extraterrestre, desembocarán en el hallazgo de artefactos no humanos, en cuyo caso se produciría un proceso irremediable de desintegración de la sociedad actual, tal y como ya ha sucedido en épocas pasadas y con otros pueblos".

Se afirma que los servicios de inteligencia americanos censuraron más de 900 fotografías lunares, tomadas desde los satélites, donde se distinguen grandes plataformas, ruinas de edificios o ciudades y estructuras de monolitos alienadas, entre otras cosas.

En una conversación con el director de la NASA, James E. Webb, Kennedy dijo que: "Todo lo que hagamos debería estar realmente vinculado a llegar a la Luna antes que los rusos... de otra manera no deberíamos gastar todo ese dinero, porque no estoy interesado en el espacio... gracias a Dios, les hemos adelantado."

¿Se trataba realmente de una cuestión de orgullo? Sencillamente, no. Más bien, se trataba de la posibilidad de encontrar tecnología del III Reich y, aún más probablemente, tecnologías mucho más anteriores; conociendo perfectamente que no era "extraterrestre" (tal vez por ello y desde entonces, siempre se ha hecho creer a la opinión pública que "nos visitan extraterrestres", algo que de momento, a excepción de la posibilidad de alterar el espacio-tiempo, parece imposible).

Revisando fotografías de las sondas *Luna* el científico Richard Hoagland descubrió un obelisco, que llamó "aguja de piedra", en la zona de Sinus Medii (Bahía Central), sobresaliendo 2000 metros de la superficie. Hoagland afirma haber trabajado como Curator of Astronomy & Space Science en el Springfield Museum of Science de EEUU. Además sostienen que obtuvo en 1993 la International Angstrom Medal for Excellence in Science, de Estocolmo (Suecia) y que fue consejero científico de Walter Cronkite y de las noticias de la CBS durante el programa Apolo (Hoagland se hizo famoso por defender la artificialidad de la cara de Cydonia, en Marte).

En febrero de 1966 el Luna 9 tomó unas fotografías sobre el mar de las Tormentas de lo que parecen "dos líneas rectas de rocas equidistantes que parecen marcar la pista de un aeropuerto. Estas rocas circulares son idénticas y están posicionadas a un ángulo que produce una fuerte reflexión de la luz solar que las haría visibles al descender"; para el científico S. Ivanov y para el ingeniero A. Bruenko; tras examinar las fotografías, no cabe duda de que se trata de una construcción artificial. El 22 de noviembre de 1966, el *Washington Post* anunció que "Seis Misteriosas y Esculturales Sombras" habían sido fotografiadas en la Luna por el satélite *Lunar Orbiter 2*. También el periódico *Times* de Los Ángeles, describió una fotografía lunar sacada por el *Lunar Orbiter 2*, la cual parece revelar seis espirales colocadas según un patrón geométrico, dentro de una pequeña porción del Mar de Tranquilidad. La forma asemejaba a un cono o una pirámide. La NASA no encontró nada artificial en la fotografía, sin embargo William Blair del Instituto Boeing de Biotecnología opinaba, dado que los ángulos de dichas estructuras parecían disponerse en ángulo recto, formando seis triángulos isósceles y dos ejes alineados en tres puntos cada uno; que se trataba de una formación artificial. También el ingeniero espacial Alexander Abromov observaba una distribución artificial.

Carl Sagan en *The Demon-Haunted World: Science as a Candle in the Dark* (el embrujo demoniaco del mundo: la ciencia es una vela en la oscuridad; el mundo y sus demonios, en la versión en castellano) explica que todas las supuestas construcciones artificiales observadas en la Luna son una "formación geológica lunar natural mal interpretada por analistas aficionados, reflejos internos en la óptica de las cámaras Hasselblad de los astronautas y cosas así… Con un poco de trigonometría se disipa el espejismo". Actualmente, la mayoría de los astrónomos no consideran que los supuestos obeliscos sean artificiales…

8 años más tarde, muerto Kennedy y R. Nixon como presidente, el *Apolo 11* despegó con destino a la Luna. Cuando se encontraba a unos 200.000 Km de la Tierra un objeto se acercó al *Apolo*. El objeto era de un gran tamaño y su forma la definieron como una especie de maleta abierta y en ocasiones como un cilindro gigante. La NASA explicó que se trataba del sobrealimentador del cohete Saturno IV, ¡que se encontraba a 10800 Km del *Apolo* en ese momento!

Cuando estaban a 380.000 Km de la Tierra, cerca de la superficie lunar, otras luces en formación esperaban al *Apolo 11*. Poco después se alejaron con rapidez.

La fantasía popular asegura que cuando, Neil A. Armstrong y Michael Collins, salieron del módulo de alunizaje águila, a 60 metros aparecieron unos seres y unas naves circulares; y que cuando los intentaron filmar, desaparecieron. Posteriormente, las transmisiones, fueron censuradas (aprovechando el intervalo de 10 segundos), aunque algunos periódicos lograron eludir la censura (la más completa es la del periódico *The National Bulletin*) y consiguieron las conversaciones entre Armstrong y el centro de control.

Un fragmento de la conversación es el siguiente:

- "¿Qué es eso, qué diablos es eso? Es todo lo que quiero saber..."

- "Esos tipos eran enormes, señor... Enormes... ¡Oh Dios! ¡Es increíble! Le digo que hay otras naves espaciales ahí afuera... alineadas en el lado más alejado del cráter... están en la Luna vigilándonos..."

Pero, pese a eso siguieron con su misión y llegaron a explorar (y filmar) edificios en ruinas, a escaso metros del águila.

Según J.J. Benítez, la filmación está protegida y guardada, pero se puede rastrear su existencia gracias a las declaraciones de la NASA que decían que "El corazón de Armstrong ha alcanzado hoy las 160 pulsaciones". Benítez plantea que: "¿cómo es posible que recogiendo muestras se llegue a esta subida de pulsaciones? (en total ambos durante todo el día recogieron 25 Kg, que dada la menor gravedad, representa 4 Kg; algo ridículo si se comparan con los 116 Kg recogidos por Harrison H. Schmitt y Eugene A. Ceman, del *Apolo* 17)". Luís Alfonso Gámez en 2004 explicaba que las supuestas filmaciones de Benítez, se habían rodado en Irún (Guipúzcoa), en 2001 en las instalaciones de Dibulitoon Studio SL; desmontando la argumentación de Benítez; sin embargo, es verdad que la NASA afirma que Armstrong alcanzó 156 pulsaciones cuando la alarma "12 02" se activó (la computadora del Módulo Lunar estaba sobresaturada de los datos que le proporcionaba el radar de alunizaje) y tomó los controles del Módulo Lunar, cancelando el descenso automatizado con menos de sesenta segundos de combustible. También Ruiz de Gopegui, ex jefe de programas espaciales de la NASA en España, menciona que el regreso fue el momento más escalofriante, ya que "los astronautas disponían de un único motor para salir de la Luna, muy pequeño, sin reserva de combustible y que nunca había sido probado en gravedad lunar. Si el despegue llega a fallar, con el poco oxígeno que les quedaba, se hubieran quedado allí. No había tiempo para organizar un rescate. Cómo sería la tensión que las pulsaciones de Armstrong se dispararon hasta llegar a las 150. Él, como sus compañeros, sentía de cerca la muerte". Por lo tanto en ambos momentos críticos, las pulsaciones no superan las 156 y cuando (oficialmente) se le cae el carrete de la cámara de fotos, ¿sus pulsaciones suben a 160? Parece más creíble pensar que "algo" lo puso muy nervioso (que, posiblemente, trató de fotografiar y debido a la excitación, se le calló la cámara).

Tras esta misión, otras cinco naves *Apolo* llegaron a la Luna y filmaron construcciones. Finalmente, según J.J. Benítez, "todas las construcciones fueron bombardeadas y destruidas con armas nucleares, que contaminaron la superficie lunar".

Sin embargo, frente a esto; Neil Armstrong, informó al investigador Timothy Good que no se registró, ni se encontró, ni se vio ningún objeto durante la misión del *Apolo 11*, ni en ningún otro vuelo Apolo que no fuese natural. Además, Edgar Mitchell, tripulante del *Apolo 14*, se ha cansado de repetir que no vio OVNIS ni ruinas durante su viaje y estancia en la Luna. También el ingeniero y experto espacial James Oberg desmiente la supuesta grabación, ya que menciona que "la jerga técnica que parecen estar usando es completamente disparatada ("field distortion", "orbit scanned", "625 to the fifth", "auto-relays"), No existe referencia alguna a estos términos en ninguna fuente de información sobre el proyecto *Apolo*", por lo que su opinión es que sencillamente ha sido inventada para simular una conversación entre astronautas. Oberg también explica que los astronautas tampoco usaban la expresión "repeat" para que Houston les repitiera alguna frase que no habían entendido; usaban siempre la expresión "say again".

Efectivamente, Otto Binder ha sido uno de los que más ha divulgado la supuesta conversación; en todas ellas se le nombra como "técnico de la NASA", "ex-empleado de la NASA", "miembro del programa Apolo", etc. Lo cierto es que Binder es escritor de comics (*Superboy*, *Supergirl*, etc.) y de novelas de ciencia ficción y por ello es posible que se incluyese en la supuesta retrasmisión y de paso añadiese algo de su cosecha. Otro personaje muy relacionado con la difusión de la conversación es Maurice Chatelain, presumible experto en comunicaciones de la NASA; en 1979 dijo que Armstrong había informado de la presencia de dos OVNIS en el borde de un cráter, también añadió que: "Todos los vuelos *Apolo* y *Géminis* han sido seguidos, a veces a distancias muy cortas por vehículos espaciales de origen extraterrestres. Siempre que esto ocurre los astronautas informan al centro de control y desde allí se les ordena silencio absoluto". Igualmente asegura que un retardo de tiempo en la transmisión del diálogo entre el centro de control y el *Apolo* 11 permitió a la NASA censurar la información referente a los visitantes; pero esto no parece tampoco cierto ya que en realidad mas que "experto en comunicaciones de la NASA", fue durante varios años un empleado de la compañía RCA (una empresa del sector espacial que fue contratista de la NASA); siendo además el autor de un libro sobre el tema de los OVNIS titulado *Our Ancestors Came From Outer Space* (nuestros antepasados vinieron del espacio exterior).

Sin embargo, tal y como hemos mencionado, algunos periódicos publicaron la conversación antes que fuese divulgada por los mencionados anteriormente. La explicación, nos la ofrece Kentaro Mori, el cual demostró que la conversación se basó en un programa de TV transmitido por la *Anglia Television* británica el 20 de junio de 1977 y más tarde en un libro de ficción de Leslie Watkins llamado *Alternativa 3*. Los productores de la emisión fueron John Rosenberg y John

Wolf, el guión fue de David Ambrose y la dirección de Christopher Miles, quienes se encargaron de realizar una serie documentales titulados *Science Report* para dicha cadena. Deberían haber emitido uno de sus programas el 1º de abril (que es la fecha de "Santos Inocentes" en el mundo anglosajón). De modo que decidieron realizar un documental de ficción al estilo de *La Guerra de los Mundos* de Orson Wells.

En cuanto a las filmaciones; Luís Alfonso Gámez demostró que las mostradas por Benítez, fueron rodadas en el estudio cinematográfico Dibulitoon; el astrofísico Javier Armentia facilitó una pormenorizada descripción de las herramientas informáticas utilizadas por los artistas del estudio de animación y el conocido periodista Alex Fernández Muerza afirmaba que utilizaron "programas de animación digital como Lightwave 3D, 3ds Max o After Effects".

Al parecer, la mayoría de creencias sobre bases en la Luna, pueden tener su origen en *El Libro de Urantia* del doctor William Sadler; o en la denominada misión RAMA de Carlos Roberto Paz Wells. Aunque previamente, Julio Verne en 1870 en su novela *Autour de la Lune* (en torno a la Luna) continuación *De la Terre à la Lune* (de la Tierra a la Luna) de 1865, ya describía ruinas de una ciudad y de estructuras alineadas.

Pese a ello, el doctor Vladimir Azhazha, físico y oceanógrafo, menciona que Neil Armstrong comunicó que dos grandes y misteriosos objetos estaban observándoles después de que hubiera saltado a la superficie del satélite. También el ingeniero electrónico Alan Davis, que se encargaba de hacer llegar las señales del *Apolo 11* al centro de control de Houston, mencionó que "Armstrong sentía cómo alguien se estaba fijando en él y en su compañero; no veía a nadie, pero estaba convencido de que no estaban solos". Además, en unas declaraciones al investigador José Luis Hermida y al periodista José Ortiz, dijo: "Los astronautas relataron que ante sus ojos habían aparecido ruinas de una construcción" y que pudo contemplar las ruinas por las imágenes que emitieron los astronautas: "Allí no había un sólo muro, sino varios, y por su morfología era completamente imposible que se tratara de un capricho de la geología. Los bloques de piedras estaban muy erosionados, pero estaba claro que aquello era artificial. En alguna de las paredes, a algo más de un metro de altura, había agujeros que recordaban a lo que hoy son nuestras modernas ventanas; también había otro tipo de huecos que estaban cerca del suelo, como si fueran puertas".

Según el periódico *Komsomolskaya Pravda*, en el Club Nacional de la Prensa, en Washington, se celebró el día 30 de octubre de 2007 una conferencia, convocada por Ken Johnston, director de la Sección de Conservación de Fotos sobre la Luna, del Laboratorio de la NASA y supuestamente despedido repentinamente el 23 de octubre, y el conocido Richard Hoagland. Según el periódico, ambos habían participado en el proyecto Apolo. Además, Hoagland presidió la transmisión del alunizaje de Apolo por la televisión en vivo y en directo. Según Johnston "En los años 70 del siglo pasado, astronautas norteamericanos vieron y registraron con cámaras fotográficas vestigios de construcciones humanas de antigüedad remota en la Luna y fotografiaron algunos vestigios tecnológicos". En la Tierra la NASA ordenó destruirlas y, sin embargo, esas fotos fueron secretamente conservadas por él. Casi 40 años después,

Johnston decidió publicar estas fotos que estremecerían al mundo. Al mismo tiempo, acusó a la NASA de falsificar, pues todas las fotos oficialmente dadas a conocer pasaron por un tratamiento especial y, en particular, las fotos del alunizaje fueron modificadas. Hoagland añadió que "los norteamericanos trajeron de regreso a la Tierra un secreto sorprendente descubierto durante la permanencia de los astronautas en la Luna y mantuvieron en confidencialidad este secreto durante muchos años". Igualmente asegura que la nave no tripulada Viking de 1976, descubrió microbios en la superficie de Marte.

Lo cierto es que "casualmente", la primera expedición a la Luna aterrizó cerca de Mare Crisium, donde se habían observado numerosas ocasiones "moonblinks", en grupos circulares, en formaciones triangulares y rectas; y donde H.P. Wilkins y Patrick Moor avistaron un puente gigante. Tal vez también sea una "casualidad" que tras su regreso, Armstrong realizase una expedición a la Cueva de los Tayos (donde permaneció tres días, y tras salir declaró a los medios de prensa que su visita al mundo subterráneo había superado su vivencia en la Luna), y posiblemente también es casual que a raíz de los incidentes de Kenneth Arnold y posteriormente los de Roswell, se crease la CIA, junto con el Consejo de Seguridad Nacional de EEUU, los cuales "casualmente", siempre aparecen tras un encuentro OVNI.

Además existe otro detalle a tener en cuenta, desde diciembre de 1972 nunca más se ha vuelto a la Luna, ¿por qué apenas tres años más tarde, la acelerada y costosa carrera espacial concluyó con el *Apolo* 17? Su cancelación costó una elevada cantidad de dinero (posiblemente más que si se hubiese continuado) y muchos científicos se sintieron decepcionados por su interrupción.

José Lesta en *Conspiración en la Luna*, menciona que en mayo de 2000, el físico Leonard Reiffel, que trabajó en la década de 1950 en la Fundación para la Investigación de Armamento, reveló un extraordinario proyecto que habían elaborado los militares estadounidenses medio siglo antes. Al parecer, la Fuerza Aérea desarrolló un plan de alto secreto para detonar una bomba nuclear en la Luna. Para poner en marcha el proyecto, el Pentágono se puso en contacto a finales de 1958 con muy pocos científicos, entre ellos Carl Sagan, en el proyecto, denominado "A119-B".

Concretamente Sagan se encargó de calcular cómo afectaría la débil gravedad lunar a la nube radiactiva y hasta qué punto se expandiría en el espacio exterior. El joven científico fue más allá, sugiriendo que se podría usar la explosión para examinar si la nube contenía algún tipo de material orgánico. Lesta afirma que Arthur C. Clarke, Carl Sagan, o Stanley Kubrick, tenían contactos en los ámbitos militares, del espionaje o de las compañías multinacionales, lo cual les proporcionaba información que de otro modo sería imposible que tuviesen.

El historiador espacial Carole Scott, piensa que el final de la carrera espacial, se sitúa en la misión conjunta *Apolo-Soyuz* de 1975. La nave soviética *Soyuz* 19 fue al encuentro y se acopló con la nave estadounidense *Apolo*, permitiendo a los astronautas de naciones rivales pasar a la nave de los otros y participar en experimentos combinados. ¿Se volvió al proyecto Khrushchev y se abandonó el de Kennedy?

Parece algo paranoico pensar en una especie de "conspiración gubernamental" que esconde datos, manipula información y realiza experimentos jugando con la vida de las personas; sin embargo, debemos pensar que por ejemplo, según reveló la prensa norteamericana, durante la década de los 50, agentes del Pentágono diseminaron microorganismos y otros materiales biológicos en ocho zonas de Estados Unidos, con el objeto de simular los efectos de una guerra bacteriológica. Entre dichas zonas se encontraban dos líneas de metro de New York, donde se probó un potente veneno. Comportamiento que aún hoy se aprecia en las prácticas de algunas compañías farmacéuticas en países en vías de desarrollo, o cuando se intenta hacer versiones baratas de medicamentos patentados. En esos casos, se demuestra que la salud de las personas está en un segundo plano.

Hay que tener muy en cuenta que no hay duda que todo el programa espacial, fue una empresa militar, y no civil, como se hizo creer a la opinión pública. De hecho fue un militar, el Secretario de Defensa James V. Forrestal quien en 1948 anunció el programa de satélites. Forrestal también era miembro original del proyecto *Majestic 12*, también conocido como *54/12*; constituido para desacreditar y ocultar información referente al fenómeno OVNI. Por otro lado, Piotr Leonídovich Kapitsa, en 1955 fue nombrado director del programa de satélites soviéticos, ¿otra casualidad?

Linda Hunt, es autora de muchos artículos sobre las conexiones de los científicos nazis y los norteamericanos. Según demuestra la autora, al final de la Segunda Guerra Mundial el estado mayor de los Estados Unidos inicia la operación *Paperclip*, a espaldas del presidente Roosevelt y realizada por la Joint Intelligence Objectives Agency; creada en 1945, auspiciada por el Joint Intelligence Commitee (JIC), el servicio de inteligencia del estado mayor inter-ejércitos USA.

El JIC estaba compuesto por el director de los servicios de inteligencia del ejército, por su homólogo del Navy, por el vicedirector del Air Staff-2 y por un representante del Departamento de Estado; como resultado, cerca de 1500 científicos nazis son sacados de Alemania y reclutados para trabajar en investigaciones principalmente sobre armas químicas y la conquista del espacio.

Sin embargo, los nazis están decididos a compartir lo menos posible las tecnologías que dominan. Walter Jessel, teniente del ejército norteamericano, fue encargado en 1945 de evaluar la lealtad de los científicos antes de que abandonaran Alemania. Su informe, basado en los interrogatorios, concluye que Von Braun y sus hombres trataban de ocultar sus informaciones a los oficiales norteamericanos. Según el militar estadounidense, confiar en ellos sería "absurdo". Después de todo, los científicos alemanes estaban hasta hacía poco en el campo enemigo.

Pese a ello, a partir del verano de 1947, se inicia la operación National Interest (Interés Nacional) que permite reclutar a toda la gama de científicos nazis, incluso a los que han sido condenados por crímenes de guerra y les propone trabajar para el ejército o para grandes empresas privadas, especialmente para Lockheed, W.R. Grace and Company, CBS Laboratories y Martin Marietta.

En el campo de la conquista espacial, destaca todo el antiguo equipo de los V2, que dirige prácticamente la totalidad de las investigaciones. Dado que Kennedy en 1961 había dado prioridad al envío de un hombre a la Luna; dicha tarea es directamente confiada a los ingenieros nazis del equipo de Wernher von Braun, quien se convierte en el primer director del Marshall Flight Center, el centro espacial de la NASA en Huntsville.

Arthur Rudolph (jefe de producción en Mittelwerk durante la guerra, y uno de los responsables del campo de concentración de Dora), es nombrado jefe de proyecto para el programa de la nave Saturno V. También Kurt Debus (miembro de las SS, de las SA y de otras dos agrupaciones nazis), se convierte en el primer director del Kennedy Space Center en Cabo Cañaveral.

Finalmente, a partir de inicios de los años 70 disminuye el financiamiento militar para los programas científicos de *Paperclip*. En 1971 las restricciones presupuestarias afectan duramente el programa espacial, especialmente a los ingenieros alemanes. Arthur Rudolph pasa al retiro con la más alta distinción de la NASA, la Distinguished Service Medal. El mismo año, Wernher von Braun es obligado a testificar ante fiscales de Alemania Occidental encargados de investigar los crímenes cometidos en el campo de concentración de Dora. Poco después debe abandonar su sueño secreto de convertirse en administrador general de la NASA. En 1974 le corresponde el turno del retiro a Kurt Debus. Diez años más tarde, en 1984, resurgen las acusaciones de crímenes de guerra contra Arthur Rudolph, y es obligado a abandonar los Estados Unidos para trasladarse a Hamburgo.

El 20 de agosto de 1974, el presidente Ford nombró a Rockefeller vicepresidente de Estados Unidos. Desde este cargo dirigió la comisión presidencial que en 1975 investigó las actividades de la CIA y en su informe final declaró que la Agencia había participado en una serie de actividades ilegales...

...Actualmente existen varios objetos sospechosos en órbita alrededor del Sol: CG9; 1.996 PW y 1.991 VG; en éste último, el radar da un "efecto cero", es decir, no aparece en las pantallas...

www.ingramcontent.com/pod-product-compliance
Lightning Source LLC
LaVergne TN
LVHW010344200726
843507LV00010B/1644